Using Diaries for Social Research
by Andy Alaszewski

日記とはなにか

質的研究への応用

【著】
アンディ・アラシェフスカ

【訳】
川浦康至・田中 敦

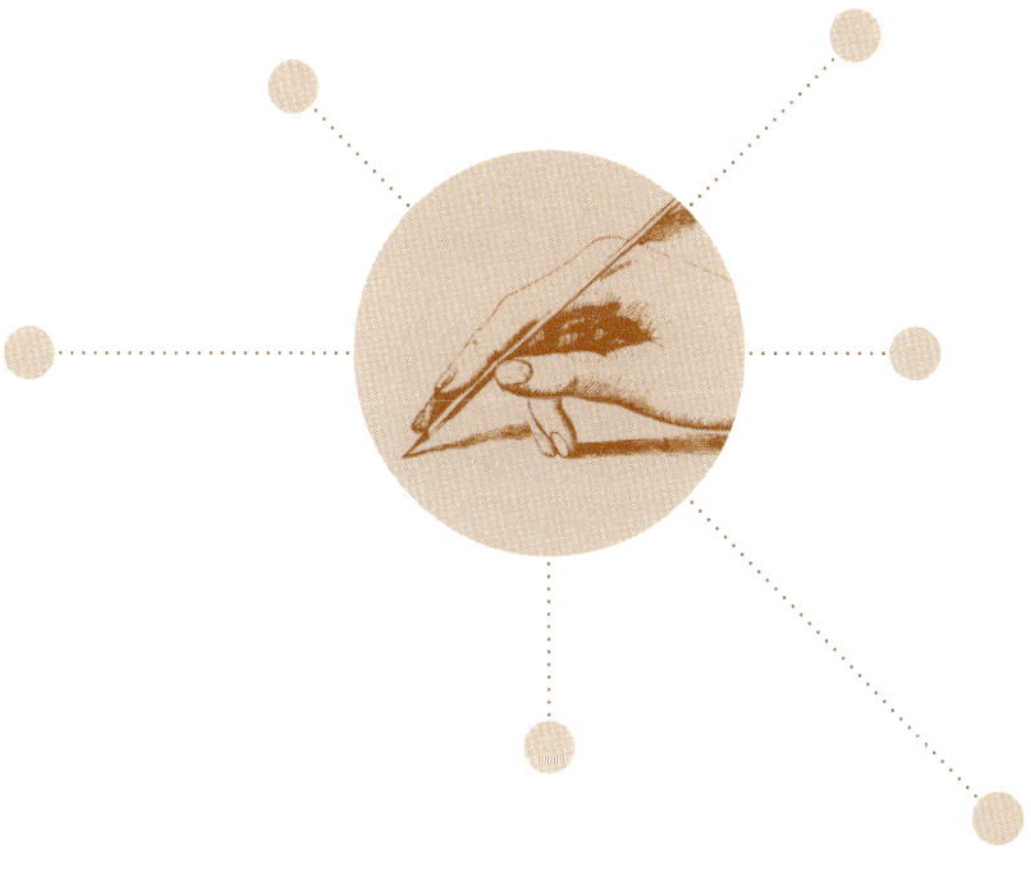

誠信書房

Using Diaries for Social Research by Andy Alaszewski

English language edition published by Sage Publications of London, Thousand Oaks and New Delhi, ©Andy Alaszewski, 2006
Japanese language edition published by arrangement with Sage Publications Ltd, London through Tuttle-Mori Agency, Inc., Tokyo

まえがき

人は自分が何を知っているのか必ずしも理解しているわけではない。書くことは、それを見出すための一つの方法である。（Alan Bennett,1998）

一九九〇年代中頃、私は英国助産訪問看護委員会（English National Board for Nursing Midwifery and Health Visiting）から、地域の看護師たちが日常業務のなかで行っているリスク管理の方法に関する研究を依頼されたことがある。このとき初めて、私は社会調査への日記利用に興味をもった。この研究の一環として、研究班は実際の臨床における決定場面を収集・分析し、予想されるリスクについて調べたいと考えた。面接法と観察法といった従前の手法は、どちらも適していなかった。面接法は記憶に頼るため、看護師にある特定の決定場面を思い出すよう要求しても、実際の複雑な状況にどう対応したかではなく、自分がどのように意思決定を行い、リスク管理すべきであると感じていたかという、一般的で理想的な説明に終始する可能性が高かった。観察法にも問題があった。観察法は、看護師と患者のあいだの微妙な人間関係に入りこむことになるだろうし、われわれが収集したいと思っている当の過程自体を歪めてしまうかもしれなかった。そこで、われわれは看護師に自己観察者としてふるまい、日記に観察記録をつけるように要求するという、対象にあまり立ち入らない方法を使うことにした（Alaszewski et al., 2000）。

研究班は、こうした手法の参考になりそうなテキストを探すため、社会科学の文献データベースにあたった。たとえばコルティ（Corti, 1993）のような、使えそうな実践的手引きが何点か見つかり、私たちが興味をもつ分野で多くの重要な研究が日記を利用していた。一例が、罹患過程を扱ったロビンソンの研究（Robinson, 1971）である。しかし、これらの文献はいずれも断片的で、社会調査に日記を適用するための体系的案内となるような概説書を見つけることはできなかった。唯一、それに近かったのが、日記-面接法にふれたジンマーマンとワイダーによる論文だった。

> 個々人は、研究者から一連の指示にもとづいて一定期間……記録をつけるよう依頼される。……われわれが説明した手法は、被験者によって書き続けられた観察日誌として日記の役割を重視する。それは、その後の集中面接（intencive interviewing）の基礎資料として活用することができる。（Zimmerman and Weider, 1977）

この手法はわれわれの要求を満たすように思われたため、採用することにした。しかし、実施する段になって、かなりの困難を伴うことがわかった。というのは、被験者に与える教示のタイプや日記の詳しい形式、日記内容の分析方法、その分析によって集中面接をどのように方向づければよいのか、それらについてほとんど説明がなされていなかったからである。

社会調査に日記を用いた文献は増えつつあるが、それでも他の一般的な社会調査法の文献数には及ばない。たとえば、研究方法としてフォーカスグループ法を使いたいと思う研究者は、数多くの優れたテキストのなかから選ぶことができる（Stewart and Shamdasani, 1990；Krueger, 1994；Kitzinger and Barbour, 1999）。日記が重要なソースとして期待されている分野でさえも、日記は軽視されているように見える。たとえば、伝記研究に関するロバーツのテキスト（Roberts, 2002）には、日記についての短い考察がたった一カ所含まれているだけである。

ところで、私は、ボブ・ハイマンに招かれて、北イングランドで行われた一次医療（風邪や腹痛のような日常的疾病を対象とする医療）の質的研究に関するワークショップに参加したそこで日記研究に関する文献の必要性をあらためて認識することになった。この会議では、フォーカスグループ法など従来の分析手法については詳細な発表があったものの、日記研究に関しては私の研究以外に発表がなかったのである。このことを私はデビッド・シルバーマンに話し、彼がセージ出版で編集している質的研究法シリーズに日記調査法を加える意義があるのではないかと提案した。彼の同意が得られ、私はテキストの概要を検討することを申し出た。私の頭には、日記利用に関する（とりわけ質的研究における）一連の専門知識をまとめたテキストをつくるアイデアがあった。その提案は、単著であること、そして質的研究と同様に量的研究における日記利用もカバーすることを条件に認められた。

この仕事は困難を極めたが、引き受けてよかったと思っている。執筆の最中、必要な知識のいくつかは過去の勉学からはおぼろげにしか思い出せず，かなりの部分を新たに補充しなければならなかったが，それでも，思ったよりも自分に知識があることに気づいた。しかし，それでもなお，相当なギャップがあったため，本書の執筆は，私にとって経験に乏しく専門知識の少ない研究分野を探求するよい契機となった。また，研究過程において日記がいかに適応性に富み，有用であるかを知ることにもなった。本書は，日記を利用した方法論に興味をもつ研究者向けのテキストとして企画された。本書が日記利用に対する関心を高め，日記研究について書こうという人があらわれることになれば幸いである。

謝辞

まず本シリーズの編者であるデビッド・シルバーマンに感謝したい。彼は、私の最初の提案に前向きに応じてくれ、幅広い視野に立ったテキストを書くように勧めてくれ、かつ草稿に目を通してくれた。本書の執筆は予想以上に難航し、多くの時間を要した。私の時間的見積もりが甘かったこともあるが、私自身の生活上の予期せぬ出来事によるところも多かった。それは、勤務先の変更、三回の引越し、重い病気などであった。しばしば困難にみまわれたこの時期に常に私を支えてくれた妻のヘレンに感謝したい。妻は、本書の執筆に際し、多くの助言とコメントを与えてくれた。

いま振り返ると、病気をしたことは良い面もあった。病気のために、最悪の状況を考えて、完成させようと思っていたことに集中できたからである。本書を仕上げることが私の第一目標となった。ケント州メードストン癌研究センターのシャロン・ビーズリーたちと顔を合わせると、本書の進捗状況がいつも話題になった。私たちの決断の正しさが証明されることを祈るばかりである。

本書の執筆によって、いろいろなすばらしい日記を読むことができたばかりか、日記を用いた魅力的な研究に関して多くのことを知ることができた。本編で明らかになるように、本書は、第一級の研究者、特にアンソニー・コクソンに多くを負っている。コクソンは本書の草稿に意見を述べてくれた。また、シグマプロジェクトによって公開された第一級の研究成果を利用する許可を与えてくれた。同プロジェクトのデータをもとに書かれた著作、*Between the sheets*（Coxon, 1996）からの引用を許可してくれたことに対し、アンソニー・コクソンとカセルに感謝したい。また、*Social Research Update* 第二号に掲載の「Using diaries in social research」から引用することを許可してくれたことに対し、エセックス大学のルイーズ・コルティとサリー大学のナイジェル・ギルバートに感謝したい。アラン・ブライマン（Bryman, 2001）の *Social research methods* から引用することを許可してくれたことに対して、オックスフォード大学出版に感謝したい。論文「The use of diaries in sociological research on health experience」（Elliott, 1997）からの引用を許可してくれたことに対し、*Sociological Research Online* の主宰者に感謝したい。また、草稿に意見を寄せてくれたジル・マンソープ、カースティ・コクソン、デービッド・ウェインライトにも感謝したい。寄せられた意見はすべて有益であったが、それでも本書の内容の最終的責任は私にある。

日本語版への序

本書が日本語に翻訳されたことをとても名誉に思っています。この数年間、私は定期的に来日を続けています。と言うのも、民族音楽学者である娘のジェーンが日本で、日本音楽や、それに関連する文化実践の研究に従事するようになったからです。

日本には日記体の重要な文学作品が古くからあります。中世初期のヨーロッパでは、聖職者たちが読み書き技能を開発し、管理していました。当初はなかでも主要な宗教施設が、やがて大学が、聖職者たちの読み書き技能の訓練センターとして、学問や文芸の中心を担うようになりました。宗教行事カレンダーに注釈をつけていたイギリスの修道士たちは、アングロサクソン年代記を創りました。その頃、日本では、学問と教養を身につけた貴族たちが文学の発展、とりわけ詩歌や日記体文学において主導的な役割を果たしました。

日記に対する私自身の関心は、個人的関心と研究的関心の両方から来ています。私は日記を付けていませんが、妻のヘレンと義母のブレンダの二人は毎日の生活を日記に記録しています。私の研究人生は、もっぱら社会的行為の解釈に注がれてきました。つまり、人びとは何を行い、なぜそれを行うのかを理解することに関心を持ち続けてきたのです。

私は社会人類学分野で学士号を取りました。マリノフスキーが行ったトロブリアンド諸島の民族誌研究や、エバンス・プリチャードが行ったヌアー族とアザンデ人の研究に触発されて、私も、同じようなアプローチで、イギリスの学習障害専門病院における職員や患者の行為と行動を理解しようとしたのです。その際、私は参加観察や深層面接といった民族誌的手法と同時に、「生活記録」とりわけ患者による記録を活用しました。

生活記録を最初に使い始めた頃、それはどちらかというと限定的な利用で、他のデータ取得法の補助的存在であり、証拠の妥当性をクロスチェックする一つの方法にすぎませんでした。訪問看護師がリスクをどのように気づき、処理するのかを研究する過程で、妻と私は、看護師がどのように意思決定を行い、リスクをどのように評価したのかを知る必要がありました。

面接-日記-再面接法は、看護師の意思決定に関する厚いデータをもたらす最良の方法となってくれました。私たちは日記を用いて、脳卒中生存者がどのようにして発作後のリハビリをやり遂げ、生活の立て直しを図ったかに関する一八ヵ月もの長期研究を行い、それを通じて、このアプローチを発展させました。

これらの研究を行う過程で、日記が良質なデータを生み出すことと研究参加者の肉声をもたらしてくれることに気づきました。しかしながら、彼ら日記作者のための指針を設計し提供することの難しさにも気づきました。そうした日記の適切な使い方に関するテキストがなかったのです。このギャップを埋めるために本書は書かれました。この日本語版によって、私たちの研究法が日本の研究者のみなさんにも使われるようになれば幸いです。

二〇一一年一月　京都にて

アンディ・アラシェフスカ

目次

第1章 日記の発展と利用

自分を観察するという免れ得ない義務。もし誰かが私を観察しているならば、当然、私も自分自身を観察しなくてはならない。もし誰も私を観察していないのならば、なおのこと、自分自身を観察しなければならない。

フランツ・カフカ、一九二一年一一月七日

本章のねらい

・日記をつけることの発展過程と日記の主な特徴を概観する。

本章の目的

・日記とは何かを定義する。
・日記をつけることの発展と変化、および日記の発展を支えている条件について検討する。
・日記の出版物と出版されたさまざまなタイプの日記について考察する。

◇日記の定義◇

日記は、定期的、個人的、同時代的な記録文書と定義できる。日記の重要な特徴として、つぎのことがらが含まれる。

・「定期性」　日記をつけることは、日付の入った記事を定期的に作成することである。その一連の記事の連なったものが日記である。記事は、毎日のように固定した時間間隔で書かれるか、あるいは特定の出来事に結びついている。

・「個人性」　記事は特定個人によって作成される。その人が日記を書いているあいだアクセスは制限される。ただし他者に日記へのアクセスを作者が許可する場合もある。また、日記が破棄されないままでいることは、誰かに日記が読まれることを暗黙に認めている可能性がある。

・「同時代性」　記事は、出来事や活動の発生直後か、それにきわめて近い時点で作成されるため、回想に起因する問題で記録が歪められることは最小限にとどまる。

・「記録物」　記事は、ある人物が、重要であり関連があると考えていることを記録しており、出来事や行動、相互作用、感想、感情を含んでいる。通常、記録は時間に沿って書かれた文書の形をとるが、技術的発展とともに音声記録やビデオ記録の形を取ることも可能になっている。

日記の形式はさまざまである。もっとも簡単なものは、活動や出来事の記録を収めた日誌（log）で、それらの出来事に関する個人的意見を含まない。このような個人的日誌は、航海日誌のような「公的」日録（journal）と似ている。それは定期的に記入される帳簿であり、これを作成することは「役割として課せられたにせよ、自ら決めたにせよ、公共の役に立つことを目的に行われる作業」である（Fothergill, 1974）。もっと複雑な日記は、活動や出来事の記録に加え、役割や活動、人間関係を振り返ったり、自分の感情を深く追求したりといったコメントも含んでいる。日記作者がさまざまな読者を意識して語りかけるようなこともあろう。エリオット（Elliott, 1997）は、主要な読者が作者自身であるような日記は私的日録（intimate journal）に分類すべきであり、一方、広範な読者や後世の人びとを視野に入れた日記は回顧録（memoir）に分類すべきである、と言っている。このような区別がどこでも通用するかというと、単純ではない。たとえば、ビクトリア朝時代の政治家、グラッドストーンが七一年間にわたって書き続けた日記の記載内容は大半がつぎのようなものである。

手紙を送った相手や会った人物、訪れた場所、出席した会合、読んだ書物のリスト。グラッドストーンは、週一回以上、人物や出来事、本に関するコメント、あるいは自分自身の反応を付け加えた。その他、ごくまれに短評を、通常は内省を書いた。（Beales, 1982）

私的日録と回顧録とを区別できるならば、作者の動機も明確に見分けられるはずだ。しかしながら、私的あるいは個人的なものと公的なものとを明確に分けることは困難である。マクファーレンは、「日記」という用語は、ある人物が自分自身に関連して作成した個人的文書のすべてに当てはめることができるとし、つぎのように述べている。

（「日記」という用語は）自叙伝を含む包括的用語として用いられる。しばしば「日記」は暦の余白に走り書きされた個人的記録にすぎない。（MacFarlane, 1970）

◇日記の発展◇

現在のわたしたちが目にするような日記は近代ヨーロッパにおいて発展した。しかしながら、それより五百年も前、すでに日記の特徴をいくつか備えたテキストが存在した。

日本の「日記」と「アングロサクソン年代記」

一六世紀のヨーロッパにおける近代日記の発展に先行して書かれた日記的文書、それは、日本の宮廷の教養豊かなエリートやヨーロッパ中世の修道院の修道士によって生み出された。

日本の「日記」

日本の宮廷人は一〇世紀、すでに、日常語で書かれた文学をつくり出す知識と能力を獲得していた。その時代から今日まで生き残っている文学のなかに、いわゆる日記が多く存在する。たとえば、清少納言の『枕草子』(Morris, 1970)や、紫式部の『紫式部日記』(Bowring, 1982)である。

いずれも原本は存在しないため、現存する版は写本(筆写)にもとづいている。清少納言の『枕草子』とされるものは一三世紀中頃から一六世紀にかけてのものである(Morris, 1970)。そのため、オリジナルの内容や構成、目的を確認することは困難を伴う。清少納言は、九九四年に天皇から紙を賜り、それを使って「変わった出来事や昔話、その他さまざまなことがら」を記録したと書いている。対照的に『紫式部日記』は、第三者に対する記録として書かれているように見える。手紙のような形式を含む部分もあれば、第三者への言及もある。

両者とも、明確な日付とともに出来事が記載されている。清少納言は『枕草子』八二段(九九五年一〇月当時の記述)に、若き一条天皇が、戦いの神、石清水八幡宮へ初めて単独参拝をした際、その帰途における行動を次のように記録している。

八幡宮からの帰路、帝は皇太后がいらっしゃるお桟敷の前で輿を止められ、敬意を表されるため使者を送られました。その時のようすは、とてもすばらしく、母上なる皇太后様をこのように称える陛下の尊いお姿ほど感動的なことはありませんでした。この光景を見ているうちに、涙があふれ、頬をつたい、私の化粧も取れてしまいました。さぞ見苦しかったことでしょう。

アングロサクソン年代記

ヨーロッパにおいて、筆記技能は聖職者とりわけ修道院の写本筆記者のあいだで発達し、独占されていた。イギリスでは、こうした筆記者は公記録や年代記をつけるためにカレンダーを使用した。ノルマン征服以前のイギリスにおいて、サクソン人修道士は、復活祭の日取りを決める必要があるとき、各年について一、二行の記入欄を設けた冊子を作り、そこに「その文書を保持している修道院やその地域にとって重要と思われる出来事」を書き込んだ（Swanton, 2000）。たとえば、九八八年から一一九三年までをカバーするカンタベリー大聖堂で書かれた現存する復活祭一覧表には、一〇八六年「エドワード王が亡くなった」という筆記者による記録が残されていて、その後の記述では「今度はウィリアムだ」と加えられている（Swanton, 2000）。

その形式は、基本的に、毎日ではなくて年ごとに作成された日記に似ている。それは、簡潔に記述された事実の宝庫として使われた。編集者には筆記の知識と記録すべき事実に関連した知識以上のものは要求されなかった。しかし、同時に、同時代の出来事を詳細に説明し、さらに自分

の意見を述べようと思う書き手にとって一覧表は、存分に腕をふるえる場となった。(Hunter Blair, 1977)

これらの記録は、歴史的かつ文学的影響力を合わせ持つアングロサクソン年代記の基礎となった。たとえば、サクソンのエセルスタン王がバイキング、イギリス、スコットランドの連合軍に対して収めた勝利がパーカー年代記の九三七年の記事として韻文の形式で書かれている。

この年、強者どもの王者、臣下に恩寵を与える者、エセルスタン王が
弟のエドモンド王子とともに、「ブルナンブルフ」の戦いにおいて、
剣をふるい、不滅の栄光を勝ち取った。
エドワードの息子たちは、鎚でたたき出した刀をふるい、
防御壁を割り、シナノキの盾を叩き壊した。
先祖伝来の彼らの内なる本能のように、
彼らの土地を、富を、家を守るために、
敵との絶え間ない戦いのなかで。(Hunter Blair, 1977)

まとめ

近代以前の日本の「日記」も、アングロサクソン年代記も近代日記の特徴を完全に備えているわけではない。日本の日記には、個人的説明や意見が含まれているが、近代日記に見られる明確な時間構成が欠けている。アングロサクソン年代記は同時代の定期的記録を生み出したが、個人的、極私的という日記の特徴を欠き、出来事と同時期に書かれていたかどうか定かではない。

確認ボックス1・1　近代以前の日本の日記と「アングロサクソン年代記」

	近代以前の日本の「日記」	「アングロサクソン年代記」
定期性・時間構成	たぶんある	ある
個人性	あるが、第三者に向けて書かれた可能性がある	ない
同時代性	あるが、書き直されている	あるが、書き直されている
記録物	あてはまる。出来事と個人的内省の記録	あてはまる。出来事の記録

近代における日記様式の発展

日記は、個人的記録を目に見える形で残す方法として一六世紀ヨーロッパの近代初期に現れた。イギリスでは、若きプロテスタント王、エドワード六世が「年代記」をつけていた。彼が一二歳五ヵ月のとき、個人教師に提出する公式の教育課題としてつけ始めたようであった。その後一年足らずで、それはより個人的で非公式なものに変わり、一五歳という早すぎる死を迎えるまでのわずかな期間、彼はこの年代記を書き続けた（Jordan, 1966）。「年代記」は出来事の記録で、私見はほとんど書かれなかった。たとえば、一五五〇年五月二日、エドワード六世は再洗礼派のジョーン・ボクナーに対して行った、異端の罪による最初の刑執行のようすを記録している。

［一五五〇年五月］

二日　ジョーン・ボクナー（Joan of Kent とも呼ばれる）が、キリストは聖母マリアが懐胎したのではない、という考えを抱いた罪で火あぶりの刑になった。この女は、前の年に有罪の判決を受けたが、転向する可能性を考えてそのままにおかれていたのだった。四月三〇日には、ロンドン大主教とエリー大主教が説得することになっていた。しかし、女は逆らい、死に臨んで説諭する説教師を罵倒した。（Jordan, 1966）

一七世紀にはすでに、日記をつけることは個人的記録をつける手法として確立され、急速に広まっていった（MacFarlane, 1970）。この時期以降、現存する日記が増えていく。もっとも有名なものは、サミュエル・ピープス〔官僚〕の日記（主として、一六六〇年から一六六九年がカバーされている）と、ジョン・イーヴリン（一六二〇年から一七〇六年の全生涯がカバーされている）の日記（一六二〇年から一七〇六年の全生涯がカバーされている）である。これ以外に、科学者であり建築家でもあるロバート・フックも日記をつけていた。ジョン・レイ〔博物学者〕、ジョン・ロック〔哲学者〕、シーリア・フィアンズ〔旅行作家〕らは旅行記録をつけた。アンソニー・ウッド〔古物収集家〕は大学の出来事を記録した。ジョン・ミルワードとアンチテル・グレイ〔議員〕は議会論争を記録した。ラルフ・ジョセランは清教徒牧師の視点から、ある村の出来事を記録した（Latham, 1985）。

この時期における日記の発展は、技術的変化と社会経済的変化に支えられていた。技術的変化とは、日常語で筆記する技能が広く普及したことと暦の大量生産とをさす。社会経済的変化とは、西欧キリスト教の分裂や、個人主義を重視するプロテスタント主義の勃興、資本主義の台頭と関連した変化をさす。

日記の発展を支えた技術進歩

一七世紀の日記行動の発展にとって主要な前提条件は筆記作業が改善されたことであった。紙、そしてペンや鉛筆など筆記用具の大量生産といった近代技術が登場するまで、筆記は手間と費用のかかる技術であり、特別に選ばれ訓練されたエリートに独占されていた。書きことばと日常会話で使われることばとの相違は、筆記をいっそう近寄りがたいものにしていた。中世の西欧では、教会や他国との交渉に使われることばはラテン語だった。ラテン語の読み書きは、修道院や大聖堂に付属した学校で教えられ、いくつかの学校は総合大学へと発展した（Janson, 2002）。一六世紀の北欧における宗教改革とプロテスタント主義の出現は読み書き能力に大きな影響を与えた。これらの新しい教派は一般信

徒が宗教知識に親しむことを重視した。それゆえ、

聖職者は人びとが話すふつうのことばでキリスト教の教義を説くべきであり、重要なテキストもふつうのことばで書かれるべきである。(Janson, 2002)

こうした動きは印刷技術の発展を促し、これによって日常語で書かれた聖書や他の宗教書が刊行された。さらには、書物への親しみが増すことで、今度は読み書きの機会や学習への意欲も増すこととなった。こうして、一六世紀が終わる頃には、筆記はいっそう身近な技能となった。

新しい印刷技術による初期の副産物は年間の出来事を記した暦の出版で、それには個人的メモの記入欄が用意され、そこに日記を書けるようになっていた(Latham, 1985)。このような初期の日記は家庭内の備忘録の延長であることも多かったが、記入者の関心や好奇心をそそった出来事や事件の記録も含まれていた。こうした記録物は系統的な観察や学習の一手法として利用できるのではないかとの認識をもたらした。フランシス・ベーコンは自著『随想録』のなかで、青年期における旅行の教育的価値を重視し、旅行における日記の果たしうる役割を力説した。つまり、日記は書き手の観察記録を系統的記録に変え、それによって、旅行の学習機会を最大にしうるというのである。ベーコンの『随想録』は、一七世紀初めの三〇年間(一五九七年〜一六二五年)で徐々に書き足され、私企業や公企業の手引きないし「行動指針」となることを意図していた(Kiernan, 1985b)。

「旅」。それは若いうちは教育の一部だ。年を取れば経験の一部にすぎない……旅は未知の連続だ。航海に出れば、空と海しか目に入らないのだから。日記をつけるべきだ。「陸を歩けば」、そこには観察すべきものばかりである。そのほとんどは見過ごされているものである。観察というよりも、まるで巡り合わせで目に留まると言った方がいいかもしれない。さあ、そこで日記を書こう。（Kiernan, 1985a）

ジョン・イーヴリン〔作家、園芸家、日記作家〕はベーコンの教えに倣い、彼自身の人生と彼が見聞きした出来事をすべて記録するために日記をつけた。彼の残した「Kalendarium」〔カレンダー〕、「My Journal Etc」といった日記は全部で五〇万語を上回り、一六二〇年一〇月三〇日の出生から一七〇六年二月三日（二月二七日の亡くなる数週間前）までの全生涯をカバーしている（de la Bédoyère, 1994）。イブリンの日記はその当時のイギリスに関する出来事の記録集となっている。たとえば一六八八年の記録には、オレンジ公ウィリアムの侵略とジェームズ二世の苦境が書かれている。

一一月八日　わたしはロンドンへ行き、そこでオレンジ公が約七百隻の艦隊を率いてトーベイに上陸したとのニュースを聞いた。順風を受けて海峡を通過してくる艦隊の姿はとても恐ろしく、わが海軍は捕らえることも、航行を妨げることもできなかったという。王と王宮は驚愕し、敵のさらなる前進を阻むため、軍隊を編成するのに躍起となった。（de la Bédoyère, 1994）

イーヴリンが出来事の説明をする際、彼の個性や意見が輝きを見せる。

日記の発展を支えた社会経済的発展

日記をつける習慣の広がりは、近代個人主義の台頭と関連した社会経済的変化に結びつけることもできる。この社会経済的変化は、資本主義やプロテスタント主義の発展に基礎をおき、ウェーバー（Weber, 1976）が論じたように、この二つの思想と相互に結びついていた。

個人的アイデンティティの台頭はおそらく、一五世紀後半の芸術分野でもっとも明確に見ることができる。芸術家たちは、自分の作品にパトロンが及ぼしてきた支配に異議申し立てを始め、自らの知的創造物に対する所有権を主張し始めた。こうした動きは、近代著作権が整備されていく過程で、知的所有権の個人管理という考え方へと発展していく（Carter-Ruck, et al., 1965）。ドイツの画家、アルブレヒト・デューラーは、この発展において重要な役割を果たした。彼は、新開発の印刷技術を用いて、手ごろな価格の複製画を作り出すことで、作品の商業的価値を高めた。彼は自分の作品を識別するために、個々の作品に個人識別記号を付した。自分のイニシャルを図案化し、識別可能にしたのである。おそらく初の商用ロゴであろう。

デューラーは、一五二〇年と一五二一年、主に出張でオランダを訪れた。彼は、神聖ローマ帝国の新帝チャールズに自分の帝国年金を保障してもらいたいと思っていた。また、アントワープ滞在中には、木版画コレクションを売りたいと考えていた（Goris and Marlier, 1970）。デューラーはオランダを訪問しているあいだ日記をつけていた。その大半は受領記録とギャンブルを含む支出記録であったが、彼が「オランダで会った人物や芸術家、行った場所や記念建造物、目にした芸術作品」（Goris and Marlier, 1970）の感想も含まれている。そのなかには、マルチン・ルターが囚われの身となり、生命が危うくなっているとのニュースに対する感想が含まれている。

一五二一年、聖霊降臨日直前の金曜日、アントワープにいる私に、マルチン・ルターが裏切りにあって捕えられたという便りが届いた。彼はチャールズ皇帝を信じていたのだ。彼は皇帝から報道官と帝国通交証を与えられていた。しかし、その報道官はルターをアイゼナッハ近くの人里離れた地に連れ出すと、おまえにもう用はないと告げて、馬で駆け去ってしまったのである。その後ただちに一〇名の騎士が現れ、卑怯にもこの信心篤い男をさらい、敵の手に渡したのであった。聖霊によって導かれた男、真のキリスト教信奉者を。彼がまだ生きているかどうか、やつらに殺されたかどうかはわからない。もしそうならば、彼はキリストの真実の名において殉死したのである。なぜかといえば、彼はキリストの教えに反する（キリストの贖罪に背き、戒律の重荷に抗っている）教皇統治を非難したからである。（Goris and Marlier, 1970）

プロテスタント主義とりわけ北ヨーロッパにおける清教徒派の伸長は、日記の発展に大きな役割を果たした。彼らは、日常語で書くことを奨励し、個人の行動と活動状況を記録し、省みるために日記を利用するよう勧めたからである。清教徒は、個人と神との直接の関係を重要視していた。ポロックは、清教徒は「自省と自己発見という方法で信仰生活を育む手段として、自分の考えたことを紙に記そうとする確固たる意思をもっていた」と述べている（Pollock, 1983）。日記を書くことは内省の重要な一部となっていたのである。

新しいタイプの人物の目立った特徴である日記の習慣は、日々、自分の行ったことを記録し評価する内的な〔作業効率の向上に結びつく〕時間動作研究と見ることができるだろう。それは、行動することと自己を分析することとが分離している証拠である。（Reisman, 1993、MacFarlane, 1970の引用）

トマリンは、なぜサミュエル・ピープスが日記をつけていたのかを考察し、宗教的要因の影響を明らかにした。

ケンブリッジでは、清教徒の聖職者たちは……意義のある営みとして、つまり自分を見つめ、自律することを促す道徳的説明形式として、キリスト教徒たちに日記をつけるよう勧めた。ジョン・ビードルは自著 *The journal or diary of a thankful Christian*（1656）で日記習慣に賛意を示し、日記に公的行事や個人的体験も含めるべきであると説いている。（Tomalin, 2002）

ピープスの日記には（彼の受けた）清教徒教育が反映されている。彼は日記のなかで自分の罪を告白した。速記法を用いて書かれ、それはおそらくケンブリッジ大学の学生時代に学んだものであろう（Latham, 1985）。この防護策を採用することで、彼は安心して日記のなかで自身の行動の動機や感情、欲望を率直に分析できたのだろう。たとえば、一六六三年九月二四日の日記では、デットフォードのレイン夫人との不倫を、つぎのような記事で残している。

彼女［レイン夫人］の相手をするのに飽きたので、彼女をホワイトホールで降ろし、家に戻って、書斎で一二時近くまで手紙を書いた。それから食事をして寝室に行った。そこでは、哀れな妻が熱心に仕事をしていた。その光景は私の心を打ち、私はかくも善良で哀れな人を裏切ろうとしており、私の不当な扱いのせいで妻が不機嫌になっていることも神のみもとにあることを悟った。私は二度とこのようなことをするまいと誓い、ベッドに入った。（Latham, 1985）

ピープスは、（少なくとも一部は）自分の技能と判断力を通じて富と地位を独力で手に入れた人物だった。ピープスの公的経歴は、彼の日記にあるように、王政復古の君主制と強く結びついていた。彼の日記は一六六〇年、彼のパトロンであったサンドウィッチ卿に随行してヨーロッパ大陸に行ったときに始まり（それは復位したチャールズ二世がイギリスに戻るのを護衛するためであった）、日記を書き続けていると失明するかもしれないという根拠のない恐怖から一六六九年に終わっている。ピープスの日記は

「主として個人的日誌」であるが、「公的事件の年代記としても企図されていた」（Latham and Matthews, 1970a）。彼は公的事件における自分の役割を記録し、また、その記録をリソースとして利用し、目前の政治的攻撃から身を守り（Latham, 1985）、国政における自分の功績を公然と主張した。彼の日記は、ピープスの存命中は非公開であったが、議会に対して自分の行動を擁護するときや、海軍の発展における自分の役割を記述した *Memoires relating to the State of the Royal Navy*（1690）を準備する際の資料として利用された。

確認ボックス1・2　近代における日記発展の前提条件

「技術」

・日常言語によって書かれている。
・本や暦のように綴じられた紙であることが望ましい。
・インクやペン、筆などの筆記用具で書かれている。

「技能」

・筆記訓練を行う学校が存在する。
・個人的記録をつける技能や用具、時間、チャンスを持つ人がいる。

「動機」

・私的記録をつける（精神的／個人的、金銭的、政治的、社会的）メリットが認識されている。
・日記によって書き手の名誉が傷つくことのないよう保証する手段がある（個人のプライバシーと安全が守られている）。

日記様式の発展

一六世紀、一七世紀のイギリスにおいて日記をつけることは独特な社会・宗教環境のなかで発展した。この環境は日記習慣の動機づけと日記様式との両方に影響を及ぼした。一九世紀にはすでに、日記をつけることは「教養人の一般的習慣」となっていた（Forthergill, 1974）。

> 淑女や旅行者、有識者や政治家、聖職者や軍人、そして女王といった無数の有徳の人びとによって、誠実かつ真剣に書かれたため、これらの日記にはビクトリア朝時代の詳細な生活描写がたくさん含まれ、当時の考え方や価値観が忠実に映し出されている。（Fothergill, 1974）

これらの日記は、作者が出版の可能性を意識するようになると、文学的な自己意識を色濃く反映するようになった。たとえば、バーベリオン（Barbellion,1919）は一九〇三年から日記をつけ始め、作者の死を記録する一九一七年一二月三一日の書き込みで終わっているように見える。彼は病弱にもかかわらず生物学者としてのキャリアを築こうと努力する自分を描いた。しかし、フォザギルが記したように、実際には、バーベリオンは一九一九年の死に先立って日記出版の準備を済ませ、それを「大胆不敵な自己暴露の画期的著作」にするつもりだった（Fothergill,1974）。

こうした自己意識の高まりは、日記作者と他者との両者による自己監視と関係している。初期の日記における自己監視の主要動機は宗教的なものである。しかし、社会の俗化や精神分析理論の発展とともに、自己を理解し管理するために日記が利用されるようになった。たとえば、若い時に精神分析の影響を受けた二〇世紀の小説家、グラハム・グリーンは、無意識世界を監視するために日記に自分の夢を記録していた。精神分析医としての教育も受けていた小説家、アナイス・ニンは「現代女性作家の自己発見の旅の記録」として日記を書いた（Stuhlmann, 1974）。一九三五年四月の記事には、精神分析医ではなく小説家というアイデンティティを選びとる決心をしたことが書かれている。

精神分析医の会合があり、ロングビーチ行き列車に私たち七人が乗っていた……私が精神分析医の世界の人間でないとわかったのはその日のディナーのときだ。私は肩にタグを付けたままだった。私の職業はばればれだ。入口にはいつも係員がいて、「それは本物ですか。あなたは本物の精神科医ですか」と聞いてくる。私がにせものであることはみんな知っている。仲間には入れない……私は科学者なんかじゃない。シンフォニーのように絶え間のない続く生活を求めていた。キーワードは海……私の耳に議論は届かない。聞こえてくるのは海鳴りだ。私は作家だ、作家しかない、作家だ、精神科医ではない、そう悟ったのはその日だった。（Stuhlmann, 1974）

監視システムとしての日記の役割は、二〇世紀の日記とりわけ「反省日誌」において明らかである。福祉サービスにおいて、反省日誌は（とりわけ初期訓練プログラムにおいて）個人的成長や専門職としての能力を確認し、さらに高めるための一つの方法となってきた。ベインら（Bain, et al., 1999）が述べているように、日誌を書くことはカウンセリングや心理学、看護、経営管理、リーダーシップ、教授の分野において広く認められた教育方法である。ウェラードとベシューン（Wellard and Bethune, 1996）は、内省的日誌を続けることは看護教育の最終目標に到達する道であると言っている。ライリー＝デュセとウィルソン（Riley-Doucet and Wilson, 1997）は、看護教育プログラムで用いられる反省日誌を説明するなかで、この種の日誌が日記の重要なあらゆる特徴を有していることを明らかにした。

> すべての学生は学期の間中、毎日臨床経験を記した日誌をつけるように言われる。日誌は学生の私有物である。学生は看護学の教授に日誌を見せる必要はないが、批判的思考法の習得について教授からフィードバックをもらう手段として、まず確実に提出することになる。日誌を非公開で内密にしておく選択肢が学生に与えられていることは必須条件である。その結果、日誌が安心して自己開示や内省をすることのできる場所となる。（Riley-Doucet and Wilson, 1997）

ライリー＝デュセとウィルソンは反省日誌の自己監視役割を強調したが、このような日誌がより広義の監視に組み入れられていたことは、彼らの説明から明らかである。日誌は仲間同士の討議に役立っていただけでなく、正式な評価過程のなかでも使われ（Riley-Doucet and Wilson, 1997）、教育者と専門実習生とのあいだに力の不均衡が生み出された（Wellard and Bethune, 1996）。監視手段としての日記利用は、こうした状況では、一応よいことのように思われるかもしれないが、全体主義国家では不幸なことである。毛沢東時代の中国で育ったスン・ユーシュン（Yushun, 2003）は、『毛沢東語録』の活用法を記録するよう日記をつけさせられていたことや、日記の一部を授業中に読み上げたことにふれている。たとえば、彼女が一〇歳のとき、日記のつぎの一節を読み上げさせられたという。

われわれの偉大なる指導者、師、舵手である毛沢東主席はこう話された。団結こそ大事である。それなくして共産党の勝利はなかったと。しかし、今日私は弟と喧嘩をしてしまった。きょうだいと仲良くできなくて、どうして祖国の全人民と団結できよう？　団結しないで、どうして共産主義の目標である理想郷を実現できよう？　もっと毛沢東主席の著作を読まなければならないし、もっと主席のことばに耳を傾けなければならない。そして主席のよき子どもとならなければならない。（Yushun, 2003）

二〇世紀に入って、新たな技術が日記に新しい機会をもたらした。たとえば、手ごろな価格の記録装置の登場は録音日記やビデオ日記を可能にした。エレン・マッカーサーは新記録を打ち立てた単独世界一周の航海中、ビデオレポートを作成し、それをウェブサイトで公開した（MacArthur, 2005）。音声や映像による記録と、それを伝送するための技術の普及で、いまやメディアミックスによる日記の制作が可能になった。イギリスの女優、リン・レッドグレーブは乳ガンと診断された時、娘と協力して、治療と回復のようすを記録するプロジェクトの実施を決めた。リンが日記を書き、娘のアナベル・クラークが撮影を担当し、二人は写真と文章の両方から成る日誌を作った。その一部がイギリスの日曜版カラーページに掲載された（Redgrave and Clark, 2004）。そのなかで、最後を飾る手術終了後の写真に、なぜ乳房再生法を受けないことにしたかを語った彼女の文章が掲載されている。

［二〇〇三年八月一一日（月）］
私は自分自身にメスを入れ、改造する幻を見た。そうしなければ、なんの価値もないし、美しくもない……。そして玄関先に座り、ローソクとワインを手に考えている。かつての摂食障害、ガン、女優、人生、若さの喪失。それらを通じて学んだ教訓は、自分の本当の核となるところは――無垢な、乳房が一個の胸――にあるということ。そうやってそれを見ている。（Redgrave and Clark, 2004）

ワールドワイドウェブは日記作成の大きなチャンスを生み出している。人びとは日常生活を記録し、それをウェブに掲載することができる。育児体験を掲載する「おむつ日記」サイト、「ブログ」ないしウェブログがたくさん存在する（Brown, 2005; Armstrong, 2005）。マクレラン（McClellan, 2005）は、学生たちにオンライン日誌やウェブログを書くよう勧めるウォリック大学ブログプロジェクトを紹介している。このウェブサイト（http://blogs.warwick.ac.uk）には三千件ものウェブログが登録されている。

コメント

初期の日記作者は日記のさまざまな特徴や約束事を確立したが、その後の様式変化は社会的文脈の変化を反映している。日記それぞれの様式と文脈は作者の個別の目的や動機を反映しているが、出版可能性への意識が増すにつれ文学的自覚状態も高まっていく傾向が見られる。この意味では日記と自伝との差異は曖昧である。日記が出版され「公開」される機会が多くなると、監視機能も強まってくる。精神分析で明らかとされる自己や個人的アイデンティティの発達に対する関心の高まりも日記のなかに見出される。日記は、自己監視や外部監視の装置、また内省日誌や内省習慣に見られるような発達する個人の形成装置として用いられる。現代社会では、個人の社会的立場や社会的アイデンティティはかなり不安定かつ流動的なため、それらは形成、保護されなければならない。日記はそうした立場やアイデンティティを形成し保護する一つの手段となっている。

確認ボックス１・３　日記様式の発展

「技術」
・新たな様式の記録技術の発展。写真や録音、録画。

・新たな様式の通信技術の発展。ラジオやテレビ、インターネット。

「資源へのアクセス」

・先進国ではリテラシー水準が高く、紙日記の費用は安く、録音・録画機器の利用が増えている。

・個人情報のセキュリティが重視される。

・新聞やインターネットなどの通信メディアが開放されている。

「圧力と動機」

・外部による監督や監視。

・自覚状態の高まり、自己発達や自己説明の必要性への高まり。

◇出　版——日記と自伝◇

個人的な出来事や行動を記録しコメントする装置としての日記は一七世紀までに普及していたが、日記の公開は、個人的記録（日記）市場が出版者に認知される一九世紀まで待たなければならなかった。たとえば、ウィリアム・アップコットは、イーヴリンの四代目の息子の未亡人を訪問中にイーヴリンの日記を発見し、その後一八一八年それを出版した（de la Bédoyère, 1994）。これがきっかけとなって、ピープスの日記を書き写し、出版する動きが起こり、一八二五年に初版が出版された（Latham and Matthews, 1970b）。こうした出版過程は、日記を私的な個人的記録から誰でも読みうる文書ないし自伝へと変える要素を含んでいる。本節では、出版された日記をいくつか見てみよう。

事実の記録としての日記

一六世紀におけるヨーロッパ列強の覇権拡大は人びとの知識が増したこと、および物質世界と社会世界の両方を支配することと結びついていた。それは、事実と作り話の入り混じった航海発見報告書と関連していた (Howell, 2002)。一八～一九世紀頃、重要な科学的発見に対する関心は、このような航海報告書の市場を生み出した。キャプテン・ジェームズ・クックやチャールズ・ダーウィンの日誌は、そうした航海記録の情報源となった。

キャプテン・クックは一七六八年から一七八〇年にかけて計三回、太平洋航海の実施を依頼された。第一回の目的は、英国王立協会の代行として一七六九年六月三日に英国王立協会を代行して金星の太陽面通過を観測することであった。その目的は地球から太陽までの距離をより正確に算出するためである。クックは、さらに、その観測地点の南方に陸地がないか探し、探検してくるよう英国海軍本部から秘密指令を受けていた (Beaglehole, 1988a)。クックが全三回の航海日誌をつけていただけでなく、他の乗組員たちも日記を残していた。これらの日誌のなかにある一つの出来事が特別な関心を引いた。すなわち一七七九年二月一四日、日曜日のハワイ島におけるクックの死である。それは、膨張するヨーロッパ帝国主義とその影響を受けた伝統文化とのあいだで起きた対立と相互誤解の縮図であった。サミュエルの日誌には、クックの死に関する以下のような生々しい描写が含まれている。

岩の上には、キャプテン・クック一人しかいなかった。彼はピンネース（小型帆船）に向かって下りてくるように見えた。左手で石ころの攻撃を防ぐように頭の後ろを押さえ、右腕にマスケット銃を携えていた。一人のインディアンがキャプテンの後ろから走ってきた。前進しながら途中で、キャプテンが振り向くのではないかと恐れているように一、二度止まった。それから男は、不意を襲ってキャプテンに飛びかかり、柵から抜いてきた棍棒で後頭部を殴ると、すぐに全速力で逃げ去った。この襲撃で、キャプテン・クックは二、三歩よろめき、手とひざをついてしゃがみこみ、マスケット銃を落とした。何とか立ち上がろうとすると、別のインディアンがやってきて、キャプテンが体勢を立て直す前に、羽飾りのついた上衣の下に隠していた短剣を引き抜き、ありったけの力でキャプテンの首の後ろを打った。キャプテンは岩の横の裂け目から海に転がり落ちた。水深はひざの高さ程度だったが、キャプテンの回りを大勢の人間が囲み、彼を水中に沈めたままにしようとした。しかし、彼は周りの人びとに激しく抵抗し、頭を上げ、ボートフックの長さほども離れていないピンネースに向かって手を振り、助けを求めた。しかし、ピンネースには助けにいく準備ができていないようだった。インディアンたちはキャプテンを再び水中に沈ませたが、彼はその手を振りほどいてもう一度頭を上げた。もはや泳ぐだけの力はなかったので、岩の上によじ登ろうとした。そのとき、一人の男が大きな棍棒で彼の頭を一撃した。キャプテンは息絶えたように見えた。彼らはキャプテンを水の中に沈めた。一人の男が肩のところに腰をおろしてキャプテンの頭を石で殴りつけると、別の男が棍棒や石で叩く。それからキャプテンを引き上げて短剣で突き刺し、頭を岩にたたきつけ、棍棒と石で殴りつけた。野蛮人たちは、死体にあらゆる残虐な行為をし尽くして、楽しんでいた。(Beaglehole, 1988b)

クックによる太平洋の作図作業はその後、英国海軍の数多くの船によって継続された。そのなかには、パタゴニアとティエラ・デル・フエゴの調査を完了させるために派遣された「ビーグル号」もあった。「ビーグル号」は一八二六年に出航し、チリやペルーの沿岸、太平洋の島々を調査し、そのなかにガラパゴス諸島も含まれていた。その調査団のなかに、「自然科学者」のチャールズ・ダーウィンがいた。一八四五年、ダーウィンは「航海記、また一般読者に多くの興味をかき立てそうな博物学や地質学の観察スケッチを日誌形式で」(Darwin, 1888) 出版した。この日誌は、のちに彼が進化論を系統的に詳述した『種の起源』(1951) を予期させる内容だった。ダーウィンは、一八三五年一〇月八日の日誌でガラパゴスの博物誌について詳しい説明を展開し、ある島の種が棲み分けによって進化しながら生存していくようすを述べている。

もともと同類だった鳥の小規模集団の構成が変化し、多様化をはたしているようすを見ると、この列島にわずかな数の鳥がいて、そこから「ひとつの種が選択され、さまざまな目的のために

形を変えていった」と想像できるかもしれない。（「　」は筆者，Darwin, 1888）

このような科学日誌は，その後も評価に値する重要な事実を記録している，とされた。クックの航海誌の場合，そこでの事実には戦略的かつ科学的両方の価値が含まれていた。日記をつけていた乗組員全員が，帰港とともにキャプテンに自分たちの日記を渡すことが義務づけられ，発見に関する秘密は守るよう命じられていた（Beaglehole, 1988b）。

回顧録――後世のために記録を残す

専制君主や政治家は自らの功績を称える記念物を制作したがる。ローマ皇帝は記念建造物を作ったが（たとえば，トラヤヌス帝は自らの偉業を称えようとして記念柱を建造した），現代社会では，それは記録書や回顧録の形式をとることが多い。政治家たちは，このような記録物にリアリティと信憑性を与えるために日記を利用してきた。

イギリスで，出版を前提に日記をつけていたことで知られる最初の政治家はヒュー・ドルトン（一九四五～五一年の労働党内閣の重要閣僚）である。ピンロット（Pimlott, 2002）によれば，ドルトンは経済的報酬のためではなく個人的楽しみのために日記を書いていた。イギリス労働党の仲間についてドルトンが評論したさまをつぎのように述べている。

彼の日記が一九五二年に出版されたとき、ハーバート・モリソンはたまたまジム・カラハン夫妻と夕食をともにしていた。そして、トイレのなかでこの本を見つけた。「あのクソガキがこんな日記をつけていたなんて知らなかった」。前外相は出てくるや、怒鳴った。カラハンはすぐに友人のドルトンにこの発言を伝えた。ドルトンは嬉々として、執筆中だった日記にそのことを記した。(Pimlott,2002)

一九六〇年代の労働党内閣には三名の日記作家がいた。トニー・ベン、バーバラ・カッスル、リチャード・クロスマンである。クロスマンは一九七四年に亡くなり、死後、第二巻、第三巻の日記が出版された。ジャネット・モーガンが編集して完成させたのだった。クロスマンは「記憶がまだ生々しいうちに」日記を口述し、それをもとに出版原稿が作成された(Morgan, 1997)。その出版原稿には、出来事とそれに関する感想が書かれた。初日の日記には、新任の役所に初めて出向いたときのようすが書かれている。

[一九六八年四月二二日　月曜日]

私は、エレファント・アンド・キャッスルにある、健康省の特注で造られた巨大な現代風ガラスブロック群を初めて見に行った。それは不気味な場所にあるが、ケニス・ロビンソン(前任者)の話によると、経済的な理由からそこが選ばれたという。土地代は通常の庁舎用土地の半分しかかかっていないが、それで浮いた多額の資金がエアコンとペアガラスに使われている。なぜならば、その建物は、ひどい騒音を発する地下鉄の真上にあるからだ。そこはまたひどく不便な場所である。ここに、この建物を置く一つの効果として（原文のまま）、この地区が改善されて、他の省庁の建物を呼び寄せることを期待したのだが、そんなことは起こるはずもなく、健康省は孤立したまま、悲惨な状態にある。（Crossman, 1977）

この回顧録風の日記形式は、一九四〇年代に最初に使われてから、人気が出、利益を生み出すようになった。編集者から支援を受けられるような個性的政治家は、出来事の記録や論評を新鮮なうちに出版でき、読者が実際にあった決定や出来事をいちはやく知るチャンスをもたらす独立した客観的観察者として、自分を位置づけることを可能にする。

証言すること——苦悩の個人的証としての日記

メディアに注目されるような公人や有名人は、公的あるいは私的な出来事に対する自身の役割や反応を「記録」するために日記を利用する。その一方で、日記は、人びとが、とりわけ個人のあるいは集団の苦難にかかわる出来事を記録したり、さらには証言したりするために利用することもできる。第二次世界大戦とホロコーストは大きな苦難をもたらし、なかでもアンネ・フランクの日記（『アンネの日記』）はよく知られている。彼女はアムステルダムで育ったユダヤ人少女である。彼女は一九四二年六月一二日から日記をつけ始め、毎日の生活のようす（たとえば、ユダヤ人学校の同級生の意見）をつづっていた。しかし一九四二年七月八日、父親がドイツ当局によって強制収容所送りされることをそれとなく「通告」されると、アンネ一家は姿を隠した（A.Frank, 1997）。彼女の日記には逃亡中の異常な生活による苦難がつづられている。日記も終わりに近づく、一九四四年八月四日、ついに一家はナチ当局に拘束され、強制収容所に送られた。アンネはそこで腸チフスにかかり、死を迎える（O.Frank, 1997b）。逮捕直前、アンネは日記のなかで架空の友人に向けて自分の状況を痛切に語っている（A.Frank, 1997）。

［一九四四年七月一五日　土曜日］

キティへ

混乱、苦しみ、死。そうしたものの上に暮らしを築くことは私にはまったく不可能です。私はいまこの世界がゆっくりと荒れ野に変わっていくようすを見ています。雷が近づいてくるのが聞こえます。それはいつか私たちをも滅ぼすでしょう。何百万もの人たちの苦しみが伝わってきます。それにもかかわらず、空を見上げると、どうしたわけか、すべてがいい方へ変わっていくように思えるのです。この残酷な争いもやがて終わり、平和と静けさがもう一度帰ってくると。そのときまで、私は自分の理想をしっかりもっていなければなりません。たぶん、その日はやってくるでしょう。私の理想の実現する日が。

アンネ・M・フランクより

最近の日記には、病気の影響のような、より個人的な出来事や経験を証言するものが多くみられる。ジャーナリストのロバート・マッカラムは四二歳のとき脳卒中に襲われ、その経験を夫婦で日記に記録した。その日記をもとに、彼は脳卒中のその後のようすを出版した。その本のなかで、マッカラムは、ふだんの生活に戻ろうとした際、直面した現実問題や妻から受けた介護のようすを具体例とともに活写している。発作は一九九五年七月二八日から二九日にかけて起き、その数日後には実生活上の困難や妻からの支援などについて日記に残した。

［一九九五年八月七日　月曜日］

浴槽につかりながら、蛇口に映った顔を見ながらひげを剃る。病気になってから、鏡で自分を見たことはなかった。私はそこに映るものを見たくない（実際には、顔の左側がわずかに垂れ下がっているのと、大変もの悲しい表情をしているのを別にすれば、化け物になったわけではないことがわかった）。そのあと、片手で苦労しながら歯を磨いた（「片手で歯磨きチューブのふたを開けるのは意外と難しい」）。そして新しいタオルをもらう。それから車椅子で部屋に戻される。いま私は椅子にもたれている。少し頭痛がする。サラは電話中だ。サラは私の容態をよく理解しているらしく、とてもよく

世話してくれる。彼女はまったく見事にこなしている。(McCrum, 1998,「 」は引用者)

マッカラムは妻の日記からいくつか抜粋し、それも掲載している。そこには、彼女がマッカラムを看護し、元気づけているあいだ、夫の病気が自分の生活に大きな影響をおよぼし、不安と恐怖を経験していたことが書かれている。

[サラの日記　八月六日　日曜日]

私は大変悲しくておびえている。Rはよくなっているが、ひどく落ち込んでいて、何かをしようにも、それすらできない(ちょっとしたことで疲れてしまう)。まるで興味がないみたいに。心配、ほんとに心配。病気が彼を変えてしまった。別人にしてしまった。今日、二人で広場へ行った。彼は車椅子。私の心はぼろぼろ。私たちはどうしたらいいのかしら?　わからない。彼は誰なの?　私は誰なの?　私たちはどうなるの?　この世に頼るべき人もいなければ、助けてくれる人もいない。そんな気がする。もしよくならないとしたらどうだろう?　私はどうすればいいの?　彼を元気づけることができたら、彼のために何かしてあげたことになるのかしら?　それとも、あきらめるしかないのかしら?　私はとても疲れていて、何もする気になれない。ただただ驚いているだけなの。(McCrum, 1998)

アンネ・フランクの日記やマッカラム夫妻の日記は、日記作者の苦悩と苦難の証言となっている。日記作者（アンネ・フランクの場合は父親のオットー）は、ホロコーストのような事件の個人的結末を読者に深く理解してほしくて、こうした日記をあえて出版し、その内容を公開しようとした。

文学としての日記

作家たちのフィクション構成力を考えると、彼らが日常生活を記録し、コメントを添える際に、その技能を用いたとしても不思議ではないし、フィクションをつくり出す手法を適用したとしても驚くにあたらない。作家のなかには、日記を純粋に個人的な記録とみなして、それを破棄してきた人も存在する。イギリスの詩人、フィリップ・ラーキンは三〇巻以上の日記を残したが、それは彼の死後ただちにシュレッダーにかけられた（Motion, 1993）。しかしながら、破棄されるのはきわめて珍しく、作家の書いた日記は、それ自体がすぐれた文学作品となっている。

二〇世紀の代表的作家であるバージニア・ウルフは生涯のほとんどにわたって日記をつけていた。彼女の日記は出版され、それによって執筆活動の苦闘が明らかになった。出版された日記の最終巻は人生最後の五年間をカバーしていて、彼女の代表作品『歳月』を完成させるための苦闘から始まり、一九四一年三月二八日に入水自殺する四日前で終わっている。日記のなかで、バージニア・ウルフは、うつ病との絶え間ない闘いと戦争に対する考えを書いている。たとえば、一九四一年一月二六日の日記には、雑誌社と当時の政治状況から、ある小説の掲載を断られたことへの反応が書かれている。

この絶望のどん底にあっても私は絶対に負けない……。睡眠と休息、黙想、読書、料理、サイクリング、あー、それと岩より硬い本——つまり、ハーバート・フィッシャー。これが私の処方箋。……戦争が小休止している。六夜連続で襲撃がない。でもガービンが言うには、最大級の戦闘が起ころうとしている——それも三週間以内に——男も女も犬もネコも虫ケラさえも、腕で防御して、約束を果たさなければならない。

いまは日が昇る前の寒い時間だ。庭には雪がチラホラと舞っている。そう、私は考えていた。私たちは未来のない生活を送っている。それはおかしなことだ。閉められたドアに鼻を押しつけているなんて。さあ、書かなくちゃ。新しいペンで、エニド・ジョーンズのために。(Olivier Bell, 1984)

チェコの作家、フランツ・カフカも日記をつけていた。それは、彼の思想やアイデアを記録した、文字通りの短編集であった。確かに、彼の場合、日記と文学作品との結びつきは非常に強く、その結果、日記は作品リストの一部として含まれている。バージニア・ウルフと同様、カフカも個人的苦闘を記録している。彼の苦闘には、ユダヤ人アイデンティティの問題や精神的安寧をおびやかす難題に対する不安が含まれていた（Kafka, 1976）。

芸術家の日記は、創作過程の記録としても、他の作品と同等の価値を有する創作過程の産物としても扱うことができる。したがって、事実とフィクションのあいだは曖昧にならざるをえず、フィクションの一形態として日記を用いる作家がいてもなんら不思議ではない。カフカ全集の序文にあるように、「カフカにおいては、自伝的なものとフィクション的なものがあまりにも密接に絡み合っているので、それを解きほぐそうとする試みは無駄である」（Kafka, 1976）。

フィクションとしての日記

日記の物語的構成は、語り手中心のフィクションに「適った」形式といえよう。これは、一七世紀初期にダニエル・デフォーによって広く知られるようになった。デフォーの三大作品にはいずれもこの形式が利用されている。『疫病年日誌』（一七二二年）（Backsheider, 1992）、『ある騎兵の回想録』（一七二〇年）（Boulton, 1991）、『ロビンソン・クルーソー』（一七一九年）（Shinagel, 1994）。各作品の原著扉は明らかにデフォーの物語的形式を表している。たとえば、つぎのようである。

疫病年日誌　「個人」はもちろん、「街全体」が罹患した、驚くべき「出来事」の観察記録、回想録である。それは一六六五年「ロンドン」での視察中に起こった。「大がかりな視察」の「一

市民」によって書かれた未公開記録である。(Backsheider, 1992)

ロシア人作家のゴーゴリーも、一八三四年に出版された『狂人日記』で、この形式を用いた。彼は、この作品のなかで、日記作者の妄想、とりわけ自分がスペイン王であるという確信がだんだん大きくなっていくようすを記録している。その「日記作者」は、自身の狂気と「合理的」不合理性をつぎのように記している。

［日付なし　曜日なし］

余はネフスキー通り（セント・ペテルスブルグ）をお忍びで歩いた。皇帝陛下が馬車で通りすぎた。皆がそれぞれ帽子を脱ぎ、余もそれに従った。しかし、余がスペイン王であることは漏らさなかった。余は、群集の只中で真の身分を明かすことは不適切であると考えていた。なぜなら、礼儀に従えば、最初に宮廷で拝謁を賜るべきだったからである。いまのところ、余を思いとどまらせている唯一の理由は、ふさわしい高貴な衣装をもっていないことだった。クロークさえ手に入れば。(Gogol, 1972)

デフォーとゴーゴリーの作品は明らかにフィクションであるが、批評家はこれらを歴史研究に結びつけた。たとえば、デフォーの『疫病年日誌』の校訂版は、監視に関するフーコーの社会学的分析や疫病に対応する反応としての「パノプティコン」や、その他の体験談も含んでいた（Backsheider, 1992）。『英国医学会会報』のなかの論文で、オルトシュラーは、ゴーゴリーのフィクション作品について「統合失調症の最古で、かつ完璧な描写」であると考察している（Altschuler, 2001）。

確認ボックス1・4　出版された日記の形式

科学的「記録」としての日記

・作者は、不在あるいは中立的観察者として書かれる。
・内容として、奇妙なものや珍しいものが発見されたときのようすが語られている。
・読者は、経験と識見が得られる。

回顧録としての日記

・作者は、重要な出来事や決定にかかわった、あるいはその周辺の「重要」人物である。
・内容は、出来事や決定における作者の役割と貢献にもとづいた語りである。
・読者は、作者の「目を通して」出来事を見る機会が得られる。

証言としての日記

・作者は、異常な出来事を経験、あるいは、それを生き抜いた「普通の人」として登場する。
・内容として、苦難を克服し、生き抜くようすが語られている。
・読者は、「それがどのようなものなのか」を垣間見、識見が得られる。

文学としての日記

・作者は、いわゆる「作家」である。
・作者の創造の苦しみが語られている。
・読者は、創造過程そのものと、その成果物に対する識見とが得られる。

フィクションとしての日記

・作者は、独立した、そして多くの場合、厳密な観察者として登場する。
・内容として、伏せられていたことや意外な事実が語られる。
・読者は、虚構世界を通して識見が得られる。

コメント

出版化は、日記の地位と性格を変える。「日記原本」は公開を前提に準備されることになる。アンネ・フランクは、亡命中のオランダ政府の一員、ゲリット・ボルクシュタインのラジオ放送（彼は、ナチ体制によってオランダ人が被った苦難の証言を集めるため手紙や日記の提供を呼びかけた）に応えて、日記を書き直し（O.Frank, 1997a）、それを彼女の父親が編集し公開した。非公開版と公開版との間で共通する特徴もある。とりわけ記録や語りの構成を形作るために日記作者が用いる時間枠組みである。しかし、読者層が異なる。すなわち、非公開版日記は限られた人しか読めず、それは大抵、日記作者自身であるのに対し、公開版日記は幅広い受け手をターゲットとしている。

◇まとめとコメント◇

日記の発展は技術的変化と社会的・宗教的変化の産物であった。技術的変化は、日記を書くのに必要な用具を手に入れる機会を増やし、社会的・宗教的変化は、個人的記録を書き続けるための刺激や動機づけとなっていた。出版コストの低廉化とともに、ますます多くの日記が出版されるようになり、一般の人も入手しやすくなった。これらの日記のなかに、「事実」にもとづく発見記録から「フィクション」による狂気の記録まで、さまざまな形式と機能が認められる。日記の目的や構成は変わっても、日記が社会学研究者にとって貴重なデータ源となっていることに違いはない。次章では、日記が研究のなかで、どのように利用できるか、また利用されてきたかを考察しよう。

◇重要ポイント◇

日記をつけること

・日記をつけることは、社会的活動の容認された様式である。

・日記は、いくつかの条件が整った時点で発展、盛んになった。すなわち、日常言語で書かれること、個人的記録をつける手段として、書き言葉を扱う技能と資源を有する一定の人が社会のなかに存在すること、さらに、これらの人びとのあいだで、日記をつけたいという誘因が日記のリスクを上回ること、である。
・いくつかの近代以前の社会でも日記的文書は見られるが、現代的な様式で日記をつけることは近代初期のヨーロッパにおいて発展した。
・日記をつけることの最初の刺激として宗教世界の動きが働いたが、現代社会では、日記はさまざまな理由で書かれ、様式もさまざまである。

出版

・日記への関心と日記を求める市場の二つを前提に、いまや相当数の日記が出版されている。
・出版される日記は、様式と構成の両面で、事実に即したあるいは科学的な日誌からフィクション的日記へと変化している。
・それらの各様式には固有の約束事が認められる。それは、書き手の役割や書かれる内容の性格、読み手の役割と関連している。

◎ 演習問題 ◎

日記の発展のようすや、日記の約束事について理解を深める最適な方法は、実際の日記をいくつか読むことである。これは決してつらい課題ではない。というのは、出版された多くの日記は大変面白く、場合によれば、文章も非常に見事だからである。有名な日記の多くが発売されていて、簡略版も多く出されていて、入手しやすく、図書館でも手にとることができる。そこで、私は、以下のA、B、Cの各リストからそれぞれ一冊ずつ読むことを勧めたい。各日記の序文と少なくとも本文一〇頁は読み、以下の問題について考えてみよう。〔邦題のあるものは翻訳があるか、引用文献に掲載されているもの〕

教　材

日記は一般に、歴史的日記、現代の日記、フィクション日記の三種類に分けられる。

A：歴史的日記

日本　『紫式部日記』（Bowring, 1982）、『枕草子』（Morris, 1970）

近代　「ジョン・イーヴリンの日記」(de la Bédoyère, 1994)、「アルブレヒト・デューラー――オランダ旅行日記 1520-1521」(Goris and Marlier, 1970、『ネーデルラント旅日記』岩波書店)、「エドワード四世の日記」(Jordan, 1966)、「サミュエル・ピープスの日記」国文社 (Latham, 1985)

航海記　『クック太平洋探検――第一回航海』岩波書店 (Beaglehole, 1988)、『ビーグル号航海記』岩波書店 (Darwin, 1888)

政治　「グラッドストーン日記1、2」(Foote, M. R. D. 1968)、*Leaves from the Journal of Our life in the Highlands* (Helps, 1868)

社会　*Munby, man of two worlds* (Hudson, 1972)、*The Diaries of Hannah Cullwick, Victorian Maidservant* (Stanley, 1984)

B：現代の日記

文学　『カフカ全集7――日記』新潮社 (Bond, 1948)、『ヴァージニア・ウルフ日記』バベルプレス、『ある作家の日記』(ヴァージニア・ウルフコレクション) みすず書房 (Olivier Bell, 1984)

社会問題　『アンネの日記』文藝春秋 (Frank 1997)、*My Year Off* (McCrum, 1998)

政　治　*The Castle Diaries* (Castle, 1980)、*The Diaries of a Cabinet Minister*. Volume Three (Crossman, 1977)

C：フィクション日記

デフォー『ロビンソン・クルーソー』岩波書店、集英社、中央公論新社、福音館書店（Backsheider, 1992）（Shinagel, 1994）

ゴーゴリー『狂人日記 他二篇』岩波書店（Gogol, 1972）

シールズ『ストーン・ダイアリー』小学館（Shields, 1994）

課　題

1　選択した三つの日記は、それぞれ、いつ、どのような目的で書かれたのか。

2　原本と公開版との関係について、何か情報はあるか。

3　記事の構成と表現方法はそれぞれどのようなものか。

4　それぞれの日記が自らの信憑性をどのように主張し、確立しているか、それはどのような方法か。

5　三つのテキスト間の共通点は何か。

6　三つのテキスト間の相違点は何か。

第2章

日記を研究する

日記は、真実、真実の一部、その他真実とは言えない多くのことを語る。探そうと思えば、日記のなかに、その瞬間の雰囲気とか気分のようなものを見つけ出すことができる。それは他の方法では得られないものである。日記は決定的証拠として取り上げるようなものではない。しかし、過去を再構成するための生の素材として、日記はきわめて貴重なものである。と同時に、このうえなく読者を楽しませてくれるものでもある。（Pimlott, 2002）

本章のねらい

・社会調査研究において、日記はどのように利用されてきたか、また利用可能であるかを調べる。

本章の目的

・社会調査研究プロジェクトはさまざまな方法で設計しうること、そして日記研究のさまざまな研究デザインが持つ意義を考察する。
・実験研究、社会調査研究、歴史研究、自然主義研究における日記の利用を検証する。

◇研究のデザインと戦略◇

個々の研究プロジェクトにはそれぞれ固有の目的がある。研究者は、研究目的を効果的かつ効率的に遂行しうるデータ収集法と分析法を用いなければならないし、また、それらの研究結果の利用者が納得しうるような方法を用いなければならない。無駄な労力を避け、自らの研究の信頼性を立証するために、研究者たちは、すでに評価の確立した研究デザインと研究戦略を用いることができる。

ブレイキー（Blaikie, 2000）は、研究デザインに関する著書のなかで、社会科学の確実な研究デザインとして、次の一二種類をあげている。

・実験
・調査
・フィールドワーク、民族誌（ethnography）
・比較研究、歴史研究
・事例研究

・内容分析
・二次分析
・観察
・シミュレーションとゲーム
・評価研究
・社会的影響調査
・アクションリサーチ〔問題解決志向の実践研究〕

デンジンとリンカン（Denzin and Lincoln, 2000）は『質的研究ハンドブック』の序で、九つの「研究戦略」をあげている。

・研究デザイン
・事例研究
・民族誌、参加観察、演劇民族誌〔フィールドワークの成果を演劇形式で発表する手法〕
・現象学、エスノメソドロジー
・グラウンデッドセオリー
・生活史

・歴史的方法
・アクションリサーチと応用研究
・臨床研究

彼らの著作は質的研究に重点を置いているため、上記のリストに実験研究と調査研究が含まれていないことは当然と言えよう。

本研究の目的は、研究デザイン「そのもの」の吟味ではなく、さまざまな研究デザインのなかで日記研究がもつ可能性を検討することである。したがって、本章では、社会研究において重要な四つの対照的な研究デザイン、すなわち実験研究、社会調査研究、歴史研究、民族誌的ないし自然主義的な研究と、それらのなかで日記がどのように適用しうるかに焦点を当てて考察する。

実験や社会調査は一次データ、すなわち、その研究の目的に沿って集められたデータを基礎とする。そのどちらにおいても、研究の科学的役割が強調され、研究とは無関係な、バイアスをもたらす外部要因の影響を最小化することに関心が向けられる。概して重要なことは演繹ないし検証であり、つぎのようなことから始まる。

> 仮説は社会理論から導き出される。その理論は実証観察に照らして吟味され、次に、当初の理論命題を立証ないし反駁するために使われる。（Brewer, 2003d）

実験研究や調査研究において、バイアスの主因となる再生や記憶による問題を抑制するために日記を使うことは有効である。ふつう歴史研究では二次資料、すなわち、往々にして研究以外の目的で、さまざまな形式で記録されてきた情報に依拠することになる。二次資料とは、過去の出来事や活動、関係、社会形成を理解するために再利用されるものである。歴史研究者は、日記を補足資料として扱うことがある。あるいは、他のソースが使えない場合や特定の個人や集団に焦点が絞られている場合には、一次的データとして利用することになる。民族誌学ないし自然主義研究は一次データに依拠している。これらの研究では、研究者と研究参加者とのあいだに形成される人間関係、および研究者を信頼して日常生活をともにしたいという参加者の自発的な気持ちを利用する。民族誌学者は、日記を利用して、研究対象である個人や集団の生活に特権的に近づくことができる。また、研究者自身の日誌やフィールドノーツは、彼らの理解や人間関係がどのように発展していったかという問題を明らかにする重要な資料となる。

確認ボックス2・1　研究デザインの決定に際して考慮すべきポイント（Blaikie, 2000 を改変）

研究デザイン

・「何を」研究するのか。
・「なぜ」それを研究するのか。
・「どのように」研究するのか。

研究戦略と手法を決める

・「どんな」研究戦略を使うか。
・データは「どこ」から持ってくるのか。
・データを「どのように」収集し分析するか。

日記の利用

・日記は研究目的と「どのように」関連しているか。
・日記を「どのように」研究戦略に組み込むか。
・日記は有効なデータ源と「なりうる」か。
・情報にアクセスする他の手段と比べたときの日記利用の利点と欠点は「何か」。

◇実験研究と調査研究における日記◇

実験デザインと調査デザイン

実験デザインと調査デザインのいずれにおいても、研究者は、事実を記録して、その分析に関心をもつ中立的な自然科学者の姿をまっとうしようとする。このアプローチは、（研究者が理論や仮説の検証に事実データを用いようとする）実験研究および準実験研究においていっそう明確な形で展開される。

「実験」デザインでは、個人や物体を実験群と対照群とに無作為に割り当て、両群に異なる手続きや処遇を適用して、因果関係の検証がなされる。「準実験」デザインでも、実験群あるいは対照群に無作為に割り当てるのと近い方法で因果関係の検証がなされる。(Blaikie, 2000)

調査研究において、研究者は、投票行動やライフスタイル選択といった社会事象の理解や説明を得るために事実を収集する。調査は、仮説構築にも仮説検証にも用いられる(Moser and Kalton, 1971)。ウェルズはかつて行った貧困調査において、自身の社会調査をつぎのように位置づけた。

主として労働者階級の貧困とその階級コミュニティの問題の本質とを扱う事実発見型研究。(Moser and Kalton, 1971 からの引用)

マーシュ(Marsh, 1982)は、社会調査にはある特定の方法でデータを収集して分析することが含まれると言い、つぎのように調査を定義した。

(a)一連のケースに系統的測定を適用することで、行と列からなるデータが生み出される。
(b)そのデータ行列内の変数に何らかのパターンが見られないか分析する。
(c)その分析の主眼は社会的なものである。

実験研究にも社会調査にも、観察法や面接法を使えない場面があり、そのような場合、日記が重要なデータ源となる。

実験研究における日記利用

医学研究における無作為比較試験（ＲＣＴ）のような実験デザインでは、特定の介入治療が被治療群に与える影響度を測定し、これに対応する対照群との比較を行うように計画される。多くの医学研究者にとって、ＲＣＴは絶対的な判断基準であり（Cochrane, 1972）、コクランのＲＣＴデータベースには毎年三三万件が追加されている（Lilford and Stevens, 2000）。重要なことは、観察可能でかつ計測可能な差異を識別することである。多くの研究者は治療効果の判断に、客観的な生理学的測定や評定を用いる。たとえば、高血圧症に関するＲＣＴでは、判定基準として最低血圧90ミリメートル水銀柱が適用され、降圧剤の使用で血圧をそのレベルを下回るようにすることで、延命が可能になるという仮説が検証される（Cochrane, 1972）。

喘息のような慢性疾患の研究では、生理学的指標の変化を観察して記録することが困難であるばかりでなく、患者の苦痛や倦怠感といった症状の方が重要である。さらに、調査や面接では、患者が経験する苦痛や感情によって、彼らが再生（recall）する内容はバイアスを受けるかもしれない（Stone, et al., 2003）。日記は記憶や再生に起因する問題を克服する方法として使える。ストーンらはつぎのように述べている。

日記は、再生を限定し、その出来事が発生した時点の経験を把握しやすくし、それによって、いっそう正確でバイアスの少ないデータが得られる可能性を高める。日記は、多くの治療カテゴリーにおける医学症状（とりわけ、自覚的または変動しやすい症状）の収集に広く用いられている。実際、日記は、フェーズⅡからⅣの薬剤試験の二五パーセントでデータ収集法として使われていると見積もられる。（Stone, et al., 2003）

パーキンら（Parkin, et al., 2004）によれば、日記は多発性硬化症の症状をとらえるのに適した方法であり、再発的多発性硬化症患者へのベータ・インターフェロン療法の効果を評価する方法として利用できるという。患者は症状についての自己評価とともに生理学的指標の測定値を記録する。ハイランドら（Hyland, et al., 1993）は、喘息患者に対して同様の研究を行い、ピーク呼気流のような生理学データを記録するよう患者に要請した。

調査研究における日記利用

マーシュは、多くの調査研究では「昨年、家族の誰かが大事故に遭いませんでしたか」というような記憶に頼る質問を含む一回限りの面接や質問紙が使われていることにふれた（Marsh, 1982）。彼女は、非常に大きな出来事であっても、実際に発生した時点とは別の時点にはめ込んでしまい、回答者の再生能力は当てにならないと言っている。

日記は、世帯支出や事故のような分野の調査で、記憶のあやふやさを克服するために利用されてきた。イギリスにおいて、もともと「家計支出調査」として知られていた「家計食費調査」は、一九五七年以来、日記を使って世帯支出を調査してきた。この「家計食費調査」は、「同じ住所に住み、家計を一緒にする人びとの集団」である一般家庭の任意調査にもとづいている（Botting, 2003）。主要な支出項目は家族への面接によって評価されるが、他の支出項目は家族構成員のつけている日記によって評価される。

対象世帯に住む一六歳以上の個人は、二週間のあいだ、毎日の支出を日記に記録するように要請される。家賃や住宅ローンのような定期的支出に関する情報は家庭面接から得られる。自動車購入のような高額で不定期な支出に関する回想情報もそこで収集される。一九九八～九九年以降は、七歳から一五歳の子供がつけている簡単な日記の情報も含まれるようになった。（Botting, 2003）

「アドホック」な、つまり個別的調査でも日記は用いられる。たとえば、シッソンズら（Sissons, et

al., 2001）は、日記を利用して、人びとがオックスフォード市の内外で経験した危険（事故やニアミス）を調べた。この研究では、地域の主要企業を通じて協力者を募り、五七七人が日記をつけることに同意し、二九九人から日記の提出があった。日記はヒヤリとした出来事の豊富なソースとなった。七二七件の出来事が記録され、一人あたりに換算すると二・五件となる（Sissons, et al., 2001）。

日記と隠蔽行為

実験研究や調査研究では、再生にかかわる問題を克服するためにしばしば日記が用いられる。しかしながら、従来のデータ収集技法が利用できない別の理由も存在する。研究者の知りたいと思う行動が不面目なものかもしれないし、そのような場合、人はそうした行動を隠したいと思うだろう。その一つが性行動である。HIV／AIDSの蔓延以来、性行動、とりわけ危険で「冒険的な」セックスが大きな関心を集めている。この分野の研究プログラムに「シグマプロジェクト」（Project SIGMA, 2003）があり、そこでは、性的内容の記録に日記が用いられ、ゲイやバイセクシャルの男性の性的活動、およびその活動が起きた状況に関する情報を収集し、考察が加えられた（Coxon, 1996）。このプロジェクトでは、面接法のような従来手法の欠点を克服するために日記が用いられている。

・日記は「一般的な社会慣習として存在」し、「日常言語で書かれる」ため、「自然な」方法だった。
・日記は「記憶や再生による間違いおよび認知的緊張を最小にする」ことを目的としたため、データはかなり正確だった。
・こうして得られた情報は、行為の相手や部屋のようすなど周囲の状況と実際の行為の両方において、より詳細で克明な内容だった（Coxon, 1996）。

シグマプロジェクトでは、男性とセックスする男性がつけている日記のデータセットが作成され、それを使って行動パターンが研究された。コクソンらは一〇三五人の日記作者から得られた二一八二月分におよぶデータと、そのうち一回以上の肛門性交を含む六二八月分のデータを使って、危険行為の総計、一定の危険行為に耽っている男性の人数、およびその性行為の危険度を調べた（Coxcn and McManus, 2000）。彼らは、それらの日記データから、（性行動の）活発な男性小集団が肛門性交の大半を占めるとの結論に達した。しかしながら「活発な」男性は十分に準備し、防護策を講じようとしていた。「危険な」セックスの多くは、たまに肛門性交を行う人びとで、彼らは十分な準備をしようとしない（Coxon and McManus, 2000）。

コメント

日記は実験研究や調査研究に適用しうるものの、主要なデータ源とはなりそうもない。実験研究はかなり観察技法に頼らざるをえないし、調査研究は面接や質問紙でデータを集めようとする。一般に日記は、これらの手法を補完し、その限界を克服するために利用される。とりわけ記憶や再生に伴う問題がありそうな場合や、こうした手法では欲しいデータが得られそうにない場合に使われる。日記が実験研究や調査研究において使われるとき、日記作者はさしずめ研究者に代わって観察をし、データを記録する仲介者となる。

確認ボックス2・2　実験研究や社会調査研究で日記を利用する際の留意事項

- 実験研究および社会調査研究の主な目的と特徴は何か。
- それらの研究デザインで日記を利用する際の短所は何か。
- それらの研究デザインで日記を利用する際の長所は何か。
- 他の方法では入手の難しいデータに、日記はどのような状況においてアクセスするのか。
- 日記利用の限界は何か、それはどのように克服できるか。

◇歴史研究と日記◇

歴史学は過去のことを研究する学問であり（Jordanva, 2000）、ソース、とりわけ記録物（主に文書記録であるが、音声やビデオによる記録物もあり、それらはアーカイブに収集、保管され、閲覧できる）を解読することで可能になる（Jordanva, 2000）。ジョーンズはつぎのように記している。

記録書類は歴史学者の生の材料である。過去を理解することは、大量にあるさまざまな種類の文書を注意深く調べることを通じて行われる。それは、政府の公式記録、議会討論、政治演説や選挙公約、世論や世論調査、日記や回顧録、書簡、証言記録、統計データである。最近では、歴史学者は宣伝ビラやマンガ、写真、広告などの視覚的証拠物を受け入れなければならないことが多くなってきた。（Johns, 1994）

このように、日記はたくさんある証拠源の一つとなっている。多くの研究者にとって、日記は、その個人性から信頼できない歪んだ証拠源とみなされる。セルダンは次のように言っている。

つぎのことを忘れてはならない。日記はただ一人の人物の記録であり、しばしば手早く走り書きされ、ある特定時点の感情で書かれたものである。悪くすると、退屈で、だらだらとし、思い込みに満ちたものであり、いいものであれば、エイドリアン・モールの日記のように機知に富む、おもしろくて、卓見に満ちたものである。(Seldon, 1994)

伝統的に、歴史研究者は歴史上の事件や人物、とりわけ政治事件やエリート政治家に関する客観的事実を明らかにしようとしてきた (Postan, 1971)。歴史研究は過去の物語を利用するだけでなく、物語を創造する、すなわち、過去のある状況における解釈をつくり出していることに気づくとともに、歴史研究の焦点は拡大してきた (Jordanova, 2000)。歴史研究の扱う対象範囲も広がり、エリート政治家の外側にある集団や活動、出来事を含むようになってきている。この幅広いアプローチにおいて、日記は重要な情報源となる。ジョーダノバが指摘するように、時間を利用し、時間に意味を求める点で、歴史研究と日記との相性はきわめてよい。

時分秒や日、週、月、年など時間の基本単位は歴史家によってつくり出されたものではない。しかし、ダニエル・デフォーが、架空の目撃者による一六六五年ロンドン大疫病の報告である「疫病年日誌」を書いたように、歴史家たちは時間を基本的な日常の道具として使い、時間にラベルをつけることで意味を付与する。(Jordanova, 2000)

このように、歴史研究のさまざまな局面（政治的出来事に関する従来の研究、そうした研究でこれまで無視されてきた集団に関する研究、文化接触における民族誌研究が含まれる）で、日記の利用されているようすがうかがえる。

政治研究

日記は、他のソースが国家の検閲などによって制限されている場合、貴重なソースとなる。一七世紀後半のイギリスでは、復活した王政がメディアを強力に統制したため、ピープスやイーヴリンの書いた日記が、政治事件や社会変動の貴重なソースとなっている。二〇世紀になっても、日記はやはり貴重なソースである。皮肉なことに、情報が一般の人にも広く伝わるようになって、政治家はいっそう人目を気にして、かなり自己規制するようになっている。こうした状況における日記の重要性を、トッシュは次のように言っている。

一九二〇年代、政府の公式記録は選別されて公表されることが非常に多かった。政府は、第一次世界大戦の責任について、自らを正当化し、非難を回避することに躍起になっていたからである。……なかでも外交政策に関係していた大臣や官僚は公文書の中では極力、記述を抑えていた。したがって、彼らが私的に書いた手紙や日記が興味を呼ぶのである。……歴史家によって入手された日記や手紙の大半は広く読まれることを想定して書かれてはいない。そうした資料の中で、彼らは極めて自然にふるまい、率直で、かつ計算された戦略や有名人の尊大さを無意識にさらけ出している。(Tosh, 1984)

日記などの私的文書は、特定の決定や出来事に焦点をあてたケーススタディの重要なソースとなる。たとえば、ベイル(Bale, 1999)は、出版された日記や回顧録などさまざまなソースを使って、一九六〇年代中頃の労働党政府における経済意思決定を研究した。ベイルは、これらの資料を使って、一九六四年時点では通貨切り下げが有権者に不人気であるという認識に加えて、閣僚たちの個人的信念が、経済情勢から加えられる通貨切り下げの強い圧力に抵抗する要因となったことを明らかにした。対照的に、一九六六年の労働党政権勝利後の政治状況の変化は、閣僚たちの個人的認識の変化とあいまって、一九六七年の通貨切り下げの背景をつくり出した。

日記は政治家の伝記に欠かせないソースである。伝記とは歴史的ケーススタディとみなすことができる。一九世紀の偉大な政治家であるグラッドストーンは七一年間にわたって日記をつけていた。その日記は一八二五年七月から一八九六年一二月までほぼ毎日書かれた(Beales, 1982)。三巻から成るグラッドストーンの伝記を出版したモーリー(Morley, 1903)は、グラッドストーンの日記に目を通してその抜粋を出版している。しかし、他の研究者は、その日記がもつ「内省、精神的不安、自責感、そして……人間的弱さの告白が結局、女性がらみであるという事実」を理由にアクセスすることを拒否された（ハーバートからグラッドストーンへの手紙、Beales, 1982から引用）。特に、その日記は「グラッドストーンの娼婦更生活動の範囲と成果のみならず、彼の自責の習慣も」明らかにしていた（Beales, 1982）。

グラッドストーンの日記は、特定の政治的課題に対する彼の態度や影響力を証拠立てる第一級の資料である。ビールズ自身もこうした分野にふれている。たとえば、英国とアイルランドとの関係、アイルランドに定着した英国教会の役割に関するグラッドストーンの見解が変わっていったことなどである。グラッドストーンは一八四五年六月一九日、秘密と記して、つぎのように書いている。

宗教は完全に保全されなければならない。少なくとも、個人に心の避難所を保証すべきである。したがって、あらゆる場合に、国家の宗教的名声を最大限維持することよりも、カトリック信仰とカトリック教会の保全性が最大限脅かされないことを要求すべきである。（Beales, 1982）

社会研究と人類学研究

政治史は、エリート政治家の役割や成長に焦点をあてたトップダウン型歴史になりがちである。グラッドストーンのような「偉大な人物」の特別な影響力（そして、日記のような個人的ドキュメントを特権的に利用して、個人の成長や見識、動機に近づくこと）は、政治的な決定や出来事の理解に欠かせない。しかしながら、史資料を扱う歴史家や社会科学者の増加にともなって、より広い社会過程に焦点があたるようになり、公式記録から排除されていたり、たまたま記述が残っていただけの集団も注目されるようになってきた。

「社会史」は、社会関係や社会構造が、特定の時代における特定の社会において、どのように形成されていったのかに関心がある。伝統的な歴史物語から排除された集団にも関心がある。これは、排除され続けてきた個人やコミュニティから証拠を引き出す方法として面接法が使われる口述史の発達の反映でもある。たとえば、レドリッヒ（Redlich, 1975）は、回顧録や日記のような自伝資料は歴史家によって無視されてきたデータの宝庫であり、些細な社会変化が根本的な変化にどのように寄与したかを深く理解するために利用すべきである、と言っている。マクファーレン（MacFarlane, 1970）は、日記のような資料は、他の記録に付随する限界を克服して、過去を理解するのに大きな貢献をする、と述べている。

いくつかの有名な日記は社会史の研究に貢献してきた。たとえば、ピープスの日記は、台頭しつつあった公務員の労働条件と家族関係の両者に関する重要な情報をもたらしてくれた。ウェストハウザー（Westhauser, 1994）は、ピープスの日記をアダム・エアの日記と比較した。ウェストハウザーは、一七世紀の男性にとって友情と結婚は競合するものだった、と書いている。よい結婚をした高地位の男性は、社交やもてなしに自宅を使うことが多かった。「悪い」結婚をした低地位の男性は、街のパブを使った。アダム・エアとサミュエル・ピープスは、二人とも、一七世紀末、台頭しつつあった

「中ぐらいの」の男性だった。すなわち、社会変化は彼らの社交生活や妻との関係に一定の影響をもたらし、それは社交の場がパブから自宅に移ることでもあった。

歴史上の記録から省かれることの多かった一つの集団は女性である。そして、女性の生活史を研究し、女性の役割や人間関係を検証するための重要な方法として日記が利用されてきた。ボタンキ（Botankie, 1999）は、一七世紀のイギリスにおいて、自省というプロテスタントの宗教的義務から、男性はもちろん女性のあいだでも日記をつけることが奨励された、と書いている。そして、このことは、それまで男性の活動であった書くという行為に女性が従事することを可能にし、さらに精神的指針を与えるというような男性の他の活動領域まで担うことを可能にした、と書かれている。しかしながら、このような活動は、一九世紀の工業社会において日記をつけるのに必要な用品が広く利用可能になるまでエリート女性に限られていた（たとえば、Huff, 1985 の一九世紀女性の日記手稿の文献目録を参照）。

ハフ（Huff, 1985）は、ビクトリア期の女性が出産や育児にかかわる母性をどのように育んでいたかを調べるために日記を利用した。彼女によれば、出産に対する個人的・感情的反応を小説のようなフィクションに頼りすぎた結果、天使あるいは悪魔といった女性イメージが長らく続くことになった、という。ハフはビクトリア期の女性が妊娠や出産の詳細を記録するために日記を利用し、こうした営みが同じ経験を共有する女性たちの関係づくりに役立っていたことを明らかにした。これらの日記は、分娩や疾病の情報源としても利用されていた。

日記は、ある個人の生活のようすや、社会のなかの特定集団の活動や関係を探りたいと思っている研究者にとって魅力的なソースである。日記の有用性は日記が入手可能かどうかにかかっている。しかし、日記作者個人あるいは日記作者集団をより広い集団の典型ないし代表とみなすことで、そのような制限を小さくできるであろう。日記を利用すれば、ある特定の社会ないし社会集団のなかの情報を入手できる。また、集団間関係、さらには歴史的文化人類学における文化間の関係をも研究することが可能である。

「歴史的文化人類学」は、諸文化の発達と文化間交流を扱う社会史の一形態とみなされる。なぜ文化に注目するのか。それは、集団の集合的精神生活の発達や、彼らが、自分たちの生きている世界をどのように知覚し精神的に体系化を図っているかに、強い関心があるからである。

マクファーレンは、「三百年前に戻って、一七世紀中頃のエセックスの教区牧師の目を通して眺める」ために、ラルフ・ジョスランの日記を利用した（MacFarlane, 1970）。マクファーレンは、ジョスランの親族や名付け親、使用人、隣人たちとの関係といった、デモグラフィックな社会問題を調べた。しかしながら彼は、こうした関係の文化的側面や日記作者の生活の方に興味をそそられた。彼はつぎのように書いている。

> 一次資料として（現在ほとんどの社会歴史学の基礎となっている教区簿冊や遺産検認表ではなく）、日記を用いた方がより個人的で詳細な研究を行うことができる。それは、長く忘れ去られていた精神世界を精査し、また過去の文明の社会的特徴を描写することを可能にする。（MacFarlane, 1970）

マクファーレンはジョスランの精神世界、とりわけ日記のなかでふれられているキリストの再臨を連想させる至福千年のイメージで明らかな宗教的で幻想的な思考の重要性を描写している。

この精神世界は予兆と象徴的陰影に満ちており、魔術と至福千年期のうわさを防ぐものはなく、悪魔の誕生と出会いの流言を拒むものでもなかった。ジョスランの家族の夢を分析することで、一六五〇年代、彼らは空に浮かんだ奇妙な炎や人影の夢をかなり頻繁に見ていたことが明らかになった。それは、キリストの再臨を扱った黙示録に書かれている預言と適合しているように思われた。(MacFarlane, 1970)

サーリンズ (Sahlins, 1995) も、歴史民族誌に日記を利用した。それは、ハワイ島の原住民が初めての出来事、すなわちヨーロッパ人との最初の出会いをどのように理解していたかを説明しようとして行われたものである。サーリンズは、キャプテン・クックと乗組員によって書かれたさまざまな日記や記録を用いて、島の言い伝えや歴史と比較した。サーリンズは、島民たちは、自身の経験と世界観にもとづいて、新たな状況を解釈し、理解しようと試みた、と言っている。新たな状況と過去経験とが最もよく一致した見解が、クックはロノ神の化身であるというものであった。この解釈は、さまざまな出来事、なかでもクックの死において重要な役割を果した。

クックの分析の出発点はさまざまな日記に書かれた出来事に関する報告であった。サーリンズはまず、ドイツ人船員ハインリヒ・ジンマーマンが出版した報告書に注目した。それは彼がドイツで作ったメモにもとづいて書かれた私家版航海記で、一七八四年に海軍本部から公式版が出される前の一七八一年に出版されている。

ジンマーマンの文章は彼が現場に居合わせたことを示している。――「われわれは島から近い場所に五隻のボートを寄せた」――そして、〈クックの遺体を収容するために派遣された乗組員と島民とのあいだの〉やり取りを記している。彼によれば、「ハワイ島民は和平の印である白布を見せた。しかし、われわれを嘲り笑い、つぎのように答えた。〝O-runa no te tuti Heri te moi a popo Here mai〟。その意味は、〝神クックは死んだ。しかし彼は森のなかで眠っている。明日になればやってくるだろう〟というものである」……。あらためてこのハワイ語を翻訳すると、それはジンマーマンの訳よりも簡潔なものである。〝クックは真のロノである。いま眠ろうとしている。明日、彼はやってくる〟――死もなければ森もないのである。この一見奇妙なメッセージは、この事件に関するヨーロッパ人の一連の説明と合致している。それらはすべて、クックは翌日戻るだろうという趣旨のハワイ島民のことばを引用している。(Sahlins, 1995)

サーリンズは、一七七八年と一七七九年のクックのハワイ島訪問時における出来事を丹念に調べ、この分析の正しさを裏づけた。彼によれば、クックが新年の神ロノの化身としてハワイ島で歓迎を受けた証拠文書が残っているという（Sahlins, 1995）。また、サーリンズは、クックの訪問と死亡に関連した出来事は、当時の島民たちが世界をどのようにとらえていたかという、彼らなりの合理性を理解する手がかりとなると述べている。この合理性は、一定状況で、神や人間、風のような自然の存在は共通の特徴をもち、共通のアイデンティティをもちうる可能性を含んでいた。したがって、島民にとって、クックを彼らの神々の一つの表現体とみなすことは、何ら不合理なことではなかった。

マクファーレンもサーリンズも、過去の社会集団の文化や思考様式を調べるために日記を利用する巧妙な方法を示している。これらを調べるのは、特に異文化の場合に難しく、その場合、証拠になりそうなものが日記のなかに埋め込まれていて、クックの航海日記の場合のように、日記から手がかりを得るしかない。しかしながら、このような研究においては、旅行者や宣教師の日誌、人類学者のフィールドノーツに記録されているかもしれない口伝えのような他のソースによる裏づけが欠かせない。

コメント

日記は有用であるが、歴史研究においては比較的無視されてきた資源でもある。日記は、従来の政治史研究にとって裏づけとなる証拠を提供しうる。歴史データを用いる社会的・人類学的研究において、日記は、（他の方法では得ることのできないような情報を得るための）唯一のソースである。

確認ボックス2・3　歴史研究で日記を利用する際の留意事項

・歴史研究の主なねらいと特徴は何か。
・歴史研究法において日記を使うことの不利な点は何か。
・歴史研究法において日記を使うことの有利な点は何か。
・日記が、他の手段では接近できないようなデータをもたらすのはどのような状況のときか。

◇自然主義研究における日記利用◇

社会調査のような研究デザインは大量データの収集時にはコスト効率で勝るが、そのデータから得られるものには限界がある。調査研究は、人びとの行動を説明するのには向いていても、その行動の理由を説明したり理解したりするのには、あまり向いていない。人びとの行動を説明、理解する唯一の方法は、その人の世界観を評価することである。看護研究の質的分析を概観するなかでポーターが述べているように、自然主義研究の根拠とはつぎのようなものである。

われわれの生きる社会的世界を理解するためには、個人の社会的な行為や相互作用を導く意味と動機を理解することが肝要である。質的分析は、ある特定の文脈における研究対象者の行為や相互作用を記述すること、および、その行為の背後にある動機づけと論理を解釈することに関係している。(Porter, 2000)

研究者は「自然場面」(natural setting)(Fielding, 1993) の一部となり、そして研究対象となっている人物の社会生活に参加することで、これらのデータを手にしうる。自然主義研究とは、できるだけ研究過程によって汚染されない状態で研究することであり、「実験や面接法のような〈人工的〉ではない〈自然な〉場面からデータが取られなければならない」(Hammersley and Atkinson, 1995)。自然主義研究者は、社会行為者の視点からその人の世界を見ることに専念し、そのコミュニティのメンバーの視点から世界を見られるように、メンバーの日常生活に参加したいと考える。ブレイキーはこのアプローチの主な特徴をつぎのように述べる。

(それは) 研究対象となる人物の視点から、社会的世界——社会的な行為と出来事——を眺めることに専念することである。この専念には、「彼らが」社会的につくり上げたリアリティを発見すること、彼らがそのなかで行っているふるまいの意味の枠組みに身を置くことが含まれる。(「 」は原文のまま、Blaikie, 2000)

日記は、自然主義研究者にとって、重要な、かつしばしば無視されてきたデータ源である。というのは、日記は「他者に〈肉声〉を伝える」生活記録とみなしうるからである（Plummer, 1983）。そのような記録文書にはいろいろあり、プラマーは次のように書いている。

日記は「ずぬけて優れた」生活記録である。日記には、作者にとって重要で公私双方の出来事がまさにその時点で時間軸に沿って記録されている。「その時点」ということばがここで非常に重要である。というのは、日記に書かれたそれぞれの記事は、生活史と異なり、ある特定の時間に堆積されたものだからである。（「　」は原文のまま、Plummer, 2001）

日記はなかでも自然主義的アプローチに最適である。日記は、「自然で自発的な文脈において、記録された出来事や経験を検証すること」を手助けしてくれる（Bolger, et al., 2003）。

日常行為を探るための日記

社会集団の構成員が当たり前のこととみなし、それゆえ、面接のような研究方法では明確な形になりにくい社会生活の諸様相を浮き彫りにしてくれるのも日記である。社会集団内部で相互作用が図られるためには、共通の共有された特性がなければならない。たとえば、集団の構成員は同一言語を上手に話せ、世界の本質に関する十分な合意があり、それによって意味のあるコミュニケーションと相互作用が促される。シュッツ（Schutz, 1971）が「常識」と呼んだ、共有された合意ないし世界に関する暗黙知は、社会化という過程を通じて内面化されることとなる。

日記は、こうした暗黙知に近づきやすくしてくれる。たとえば、ロビンソン（Robinson, 1971）は、人びとが自分や重要他者の体調が悪いと判断する方法を明らかにした。ロビンソンは形式的で明白な意思決定の要素を特定したが、大半の判断方法は暗黙知にもとづくものであった。研究参加者はほとんどの場合、たかだか一通りの行為しか考慮せず、「ほかの方策を考えることも比較評価することもなかった」、とロビンソンは書いている。人は、そのように、よく見慣れた状況に直面したとき常識をあてはめる。つまり、彼らは「すべきことがわかっていて、それをした」（Robinson, 1971）のである。ロビンソンは、家族面接に加え、各世帯の妻ないし母親に四週間のあいだ日記をつけるように要請し、二〇人がそれに応じた。ロビンソンは、これらの日記を利用して、個人が自分の状況をどのように理解し、そして、その理解過程のなかで「体調が悪い」という概念をどのようにして喚起したりしなかったりするのかを示すパターンを明らかにした。なかでもロビンソンが明らかにしたのは、日記の書き手が自分や家族の健康を心配している「潜伏期」段階である。この心配がもとになって、問題を解決してくれるか、あるいはそれ以上の結果に導いてくれるような支援を求める意思決定につながっていた。たとえば、二歳の子がいる妊娠中のＳ夫人は、日記に自分の健康上の懸念をつづり、産婦人科医に行ってその懸念が解消したときのようすを書いている、という**（図２・１）**。

日付	症状	処置	コメント
1	爪が割れている		
2	なし		
3	脚がむくんでいる	脚を休める時間がもっと欲しい	
4	脚がまだむくんでいるし，爪も割れている。最近，便秘がひどい	下剤を飲む	
5	水曜日の症状がまだ続いている		
6	同じ症状が続いている		
7	身体がとても弱っている感じで，気分もいまいち		
8	土曜日とまったく同じ		
9	便秘中	下剤を飲む	
10	背中がとても痛く，下剤が効く前から胃が痛む		
11	背中がひどく痛み，息が苦しい。先週食べ過ぎたせいか。でもやめられない	息が楽になるまで夫に背中をさすってもらう	
12	出血があった	マタニティ・クリニックに行き，症状を話した	太りすぎだから，食べ過ぎないよう，医者に言われた
13	なし		
14	なし		
15	なし		
16	なし		
17	なし		
18	なし		
19	なし		

図 2.1　ある家族の健康日記からの抜粋（Robinson, 1971）

個人が状況を知覚し解釈する仕方を理解する手段としての日記

日記は、行動パターンを明らかにするためだけではなく、人がどのように状況を解釈しているか、どのように行為や出来事に意味を見出しているか、また、外部の人間には非合理的に見える行為が日記作者にはどうして合理的であるのか、という疑問を解明するためにも利用される。

マートンら（Merton, et al., 1957）は、医学生の教育と人間形成に関する（評価の高い）研究に日記を用いた。彼らは、学生たちが自分の状態を観察して評価する方法や、学生たちの学習の公式的な表面に現れた部分が非公式な学習とどのように相互作用しているか、および、彼らの医学に対する姿勢や患者への接し方の形成過程を研究した。最初は四名、後には一名の学生に、四年間の履修コースのあいだ、「詳細な日誌」をつけさせた。研究チームの一人が毎週各人の日誌一回分を読み、つぎの内容を確認した。

> 社会環境の特徴的側面に関する暫定的仮説、および、態度学習と認知学習それぞれのプロセスに関するその特徴的側面の重要性。（Merton, 1957）

この仮説は学生の日記とともに「集中面接」を通じて引き出されたものであり、日記そのものの内容は最終分析にほとんど残されていない。たとえば、フォックス（Fox, 1957）は、医学生が手術特有の精神的な不安状態に対処することを学んでいく過程を分析しているが、それは「集中面接」から得られたデータに大きく依存している。日記からの直接引用は一つだけあり、それは方法論の章に登場する。その章では、二人の学生が、化学の試験で平均点以下だったという同じ出来事を、各々がどのように表現しているかを説明するために、二人の日記が引用されている。

学生A　月曜日、化学の試験が返された。予想通りダメだった。平均点は高く、ぼくの回りの連中は八〇点か九〇点だった。「まあ、もともと頭が悪いとかポカをする奴というのはいるものさ」

学生B　今日、化学の答案を返してもらった。思ったよりできなかったが、Cの上の方でパスできた……Bの方がいいことはわかっているんだけど。研究室には一〇〇点とか九〇点を取った奴がそこら中にいる感じだった。だけど、それがどうしたというんだ。「連中の多くは化学専攻か、学部で基礎生化学の単位を取っているんだから」（Merton, 1957）

日記と民族誌

自然主義研究は、異文化の人類学的研究として発展した民族誌研究法を支えている。一九一〇年代、マリノフスキーが安全な植民地居留地を離れ、トロブリアンド諸島の原住民と生活をともにすることで、集中フィールドワーク技法を提唱して以来、人類学者たちは自然主義研究に取り組んできた。フィールドワークの核心はフィールドノーツであり、それは、研究者の観察や考えの同時記録、言い換えると日誌ないし日記の形をとる。

フィールドノーツは民族誌という大建造物のレンガとモルタルのようなものである。フィールドノーツは第一に面接と日常観察で得られたデータから構成される……。フィールドワークは民族誌学者を情報やアイデア、出来事で溢れさせる。民族誌の仕事は大変に疲れるので、フィールドワーカーはノーツをとるのをやめたくなったり、その日の記録整理を翌日以降に回したくなったりするかもしれない。しかしながら、記憶はすぐに薄れ、記録されなかった情報はその後の出来事の中に埋もれてしまうだろう。記録があまりに遅れれば、本来同時的なノーツの臨場感が犠牲になってしまう。(Fetterman, 1998)

エマーソンらも同じように「民族誌学者は、他者の日常生活に参加しながら、観察したこと、知りえたことを定期的、体系的に書きとめる」(Emerson, Fretz, and Shaw, 1995) と、述べている。

ムンク (Munck, 1998) は、スリランカの集落の生活を報告するなかで、村民同士の争いをどのように観察し解釈したかについて記述している。分析に用いられた生データは二冊のノートブックで、彼はこれに毎日記録をつけていた。うち一冊は「現場での走り書き、地図、図表、面接、観察」など公式記録と同様の公的なものであり、もう一冊は「思いついたこと、疑問、コメント、気ままなメモ、日記形式の記述」など個人的な考えを含んだ「非公式」なものだった。

人類学者は自分たちが研究対象としている人びとの説明材料としてフィールドノート日誌を用いる。彼らの研究過程を深く理解するためには、日誌と出版された民族誌との両方が役に立つ。マリノフスキーの報告書は特に精査されてきた。彼はフィールドワークのパイオニアであり、彼の書物は、読者をして研究対象となっている人びとの生活に読者が参加しているかのような感覚を抱かせるように書かれている。マリノフスキーは、自著 *Coral gardens and their magic* の序文で、つぎのように述べる。

本書で、われわれは本当のトロブリアンド島民に出会うであろう。他人にどう見えようとも、彼らにとって自分とはまず何よりも耕作者である。農耕に対する彼らの情熱は真の農民と変わらない。土を掘り、耕し、種を植え、作物が育ち、成熟し、収穫物が実るのを見守ることで神秘的な喜びを経験する。彼らを理解したいのであれば、ヤムイモ畑やヤシの木園、タロイモ畑で会うのがよい。(Malinowski, 1966)

意外にも、マリノフスキーのフィールドノーツが再検討された証拠はほとんど見当たらない。ウベロイ（Uberoi, 1971）は、「クラの環」（財貨贈与の循環）に関するマリノフスキーの分析をやり直し、中央集権政治的な影響を受けやすい競争環境における「クラの環」の政治的役割を強調したが、ウベロイはフィールドノーツの原本ではなく公開されている民族誌報告書を用いていた。しかしながら、マリノフスキーがフィールドワーク中につけていた日記は（Firth, 1989）、その後出版され、なかでもギアーツ（Geertz, 1988）によって分析されてもいる。マリノフスキーの『日記』（Malinowski, 1989）は、フィールドワークの発展と実践に関して従来といくぶん異なる報告となっている。ギアーツが述べるように、マリノフスキーは「実際には、インフォーマントにいつも理解ある慈悲深い態度をとり続けていたわけでもなく、現場での彼の精神状態は冷静かつ客観的なものであった」（Geertz, 1988）。マリノフスキーの『日記』には、そのようすが示されている。トロブリアンド島民とヨーロッパ人の両者に関するコメントが多く含まれている。以下の引用は、その一例である。

二一日、木曜日［一九一八年］。長いこと眠った――「眠りを取り戻すように」――。眠らなければと思う。だいぶへばってはいるが、体調が悪いわけでない。サナロア島を出発してからサボッていた日記を書く。アムフレッツでの調査手順を考えなければならない。午前中ずっと書きものをし、民族誌調査を始めた。かなり遅れた。当初、アナイブツナやトゥヴァサナと作業した。二人は悪くはないが、「第一級のインフォーマント」ではない。［トゥヴァサナはアムフレッツの首長だった。マリノフスキーはトゥヴァサナの部落である、グマシラのヌアガシに滞在し、彼をインフォーマントに使っていた（『西太平洋の遠洋航海者』の一一章を参照、編者注）」。昼食のあと、キペラと老人がやって来た。老人にはイライラさせられたので、追い払った。このことで仕事がうまくいかないのでないかと懸念したが、キペラが問題を上手に解決してくれた。（強調の「　」は原文のまま。1989）

ギアーツは、マリノフスキーの『日記』その他の出版された研究著作を分析した。ギアーツはこの文章から、二つのイメージのあいだで揺れる彼の気持ちを見出した。一つは科学的観察者――「客観的で公平で綿密で正確で自制のきいた……そして冷厳たる事実にひたむきな人物」――のイメージであり、もう一つは、「自分自身をいかなる状況にも溶け込ませるため、未開人が見るように見、考えるように考え、時には彼らが信じるように信じることさえできるような、適応能力と仲間意識を強く持ち」、思いやりのある融和技術に長けた人間のイメージである（Geertz, 1988）。ギアーツによれば、マリノフスキーはこのような手法で文章を構成して、民族誌の基本問題を克服し、異文化についてわかりやすく説得力のある説明をものにした、という。

問題は……研究成果のなかに、その研究過程を表現することである。つまり、ある社会や文化、生活様式の解釈、その社会の構成員やメッセンジャー、代表者との出会いをわかりやすく民族誌に著すことである。あるいは、一人称で目撃したものを三人称のストーリーに仕立てること……といえる。（思索や珍しい体験、あるいは観察にもとづいて書くのでなく）あたかもその場にいるかのように書くという伝記本来の着想を採用することは、文章作成にわが身をゆだねることである。（Geertz, 1988）

ギアーツは他のテキストにも日記風に書かれた民族誌のあることを確認している。たとえば、リードのハイランド・ニューギニアにおける生活報告（Read, 1965）がそれである。ギアーツによれば、リードは自分自身を（マリノフスキーとは）違う方法で表現しているが、民族誌を告白風に書いている点でマリノフスキーと共通している、という。

（マリノフスキーの文章の）ドストエフスキー的な暗さやコンラッド的な曖昧さではなくて、リード的な「私」は、自信、公正、寛容、忍耐、温厚、活力、熱心、楽観主義で満ちており、正しいことを考え、正しいことをしているという明確な信念とともにある。もし『日記』が未開人の中に放り込まれた弱々しいインテリのイメージを与えるのであれば、リードの報告はどこかの国の牧師というイメージを与える。（Geertz, 1988）

民族誌的物語に対するギアーツのテキストアプローチは、こうした物語がどのようにして書かれ、利用されたのかを探り、テキスト分析と社会科学とのあいだの興味深い相互作用をいかに刺激してきたかを解明する方法となっている。日記はこのような分析にとって重要なデータ源であり、このような分析は、日記がテキストとしてどのように使えるのを知るのに役立つ。第5章で扱う日記分析で、これらの問題に立ち返ることになろう。

コメント

研究者が、自然場面にいる個人やコミュニティを研究対象とし、またそれへの介入を最小限にする自然主義アプローチを採用することにした場合、日記は魅力的な情報源となる。日記作者は日記に何を記録するか操作しているため、日記は作者の知覚や世界を知るための唯一のアクセス手段と言える。それゆえ、日記は、たとえば面接ではっきりさせることが難しいような暗黙知を探る魅力的な手段になっている。なぜならば、このような知識はその世界の性質に関するごく当たり前の前提にもとづいているからである。日記は目的達成の手段と見ることもできるが、日記自体は社会的リアリティの根拠を裏付けるために作者が自らのアイデンティティを構築するテキストともみなせる。このような根拠の性質と構造は、文学やテキスト分析において発展してきた技法を使えば探ることができる。

確認ボックス2・4　自然主義研究で日記を利用する際に留意すべき重要事項

・自然主義研究の主な目的と性格は何か。
・どんなソースやテキストが利用できるか。また日記をそれらに加えることができるか。
・自然主義研究デザインに日記を使うメリットは何か。
・日記はどのような状況で（他の方法ではアクセスできない）データにアクセスするのか。

◇まとめとコメント◇

日記は多種多様な研究デザインに用いることができる。実験研究や調査研究においては、一回限りの面接のような共時的データ収集法に見られる回想の問題を克服するため、あるいは、男性間の性的関係のような調査の眼から隠されている生活領域を探るために利用される。歴史研究において、日記は貴重なソースとなっている。他のデータを補完することもあるし、ある種の目的や状況では重要なデータとなることもあるからだ。社会史はもちろん、政治史のなかで使われる生活史や伝記の執筆にあたって、日記は重要なソースである。日記は人類学を発展させた点においても、また、一七世紀イギリスの片田舎であれ、一八世紀のハワイであれ、こうした異文化への洞察をもたらした点においても一定の役割を果たしている。自然主義アプローチを用いる研究にとって、日記は重要なソースとなる。一九一〇年代のマリノフスキーの先駆的研究以来、フィールドノーツ形式の日記は民族誌的フィールドワークの主要な要素となっているのは明らかであるが、この領域における日記の可能性が十分に認識されているとは言いがたい。

◇重要ポイント◇

全　体

・日記は、さまざまな研究デザインに適用できる。
・日記は、単独でも、他の方法と組み合わせても使うことができる。
・日記は、接近し難い集団や活動に近づく手段となる。

実験研究、調査研究

・日記は、適切な観察を行うにあたって実際上の問題がある場合に使える。それは、対象とする出来事や活動がまれにしか起きないか観察困難な場合である。
・日記作者は、研究者に代わってデータを記録する代理人である。

非要請型日記〈研究者の要請によらない自発的に書かれた〉研究、歴史研究

・非要請型日記は、とりわけ他のソースが検閲されているか、存在しない場合に重要なデータ源である。

・日記を用いた歴史研究にはつぎのような制約がある。すなわち、研究対象は、日記を書くことが確立していた時代、日記をつけることが規則的習慣になっていた集団に限られる。

自然主義研究、民族誌

・日記は比較的自然な形でデータに近づく手段を提供する。それゆえ、社会的相互作用の当然と思われている側面を調べるために用いられる。

◎演習問題◎

日記はさまざまな研究デザインのもと、さまざまな研究で使われてきた。日記研究の感触をつかんでもらうため、また日記利用の課題と長所を知ってもらうために、以下のA、B、Cに示した各研究タイプの教材に一つ以上目を通し、本章でふれた問題を考察してみよう。

教　材

日記は次のような三種類に分かれる。すなわち、実験・調査研究のための日記、歴史的・非要請型研究のための日記、自然主義的・民族誌研究のための日記、である。

A：実験・調査研究のための日記

Coxon（1996）; Parkin, Rice, Jacoby, and Doughty（2004）

B：歴史的・非要請型研究のための日記

MacFarlane（1970）; Pollock（1983）; Sahlins（1995）

C：自然主義的・民族誌研究のための日記

Crossley（2003）; Jones, and Candlin（2003）

課題

1 各研究の主なねらいと目的を確認する。
2 そのねらいと目的を達成するために日記がどのように利用されているか調べる。
3 データ源は日記だけなのか。
4 データ源が日記以外にもあるとしたら、それと日記との関係、日記固有の役割を考える。
5 どのように日記からデータが収集され、分析されているか。
6 その研究において、発見や結論の導出に日記はどのように役立っているか。
7 日記データはどのように評価されているか。

第3章 研究を始めよう

このような本格的な研究と社会科学の不朽性のために、世界中の大勢の人のなかから、誰を選べばよいのだろうか（Plummer, 2001）

本章のねらい

・研究のための日記と日記作者を決める方法を説明する。

本章の目的

・実験研究や調査研究に日記を用いる際の研究参加者募集に関する問題点を調べる。
・非要請型日記の位置づけと探し方を考える。
・自然主義的ないし民族誌的日記研究に研究参加者を従事させる際の問題点を調べる。

◇日記作者の選択と募集◇

日記作者の募集方法は研究目的によることになろう。なかでも研究者が使う研究デザインやアクセスしようとしているデータの性格にかかっている。その研究に組み込まれる事例の選択は、そこでの研究デザインに固有の性質に左右される。本節では、最初に、この問題を取り上げ、つぎに、参加者の選択方法について考察し、いくつか例をあげることにする。

実験研究と調査研究

実験研究や調査研究では、一般に研究者は多数の事例を取り上げ、そこから一般化を試みる。その多くは、事例の特性間ないし変数間の関連についての仮説を検証する形を取る（Marsh, 1982）。実験研究と調査研究のどちらにおいても、対象選択過程は、研究結果が人びと全般に一般化できるように注意深く行うことが求められる。したがって、この二種類の研究においては無作為サンプリングがよく用いられる。

実験研究では、研究者は、ある特定の介入がもたらす効果を観察しようとする。人間を対象とする研究では、実験は、ふつう一つの研究参加者群への介入結果を観察し、その観察結果は介入を経験しない対照群の結果と比較される。二つの集団は「同質」であることが重要であり、その同質性（sameness）は、参加者を実験群と対照群とに無作為に割りあてることによって達成される（Marsh, 1982）。リルフォードとスティーブンスは、医学研究におけるこのような選択過程の重要性を強調し、つぎのように述べる。

無作為化によって、選択バイアス（治療中の患者群と対照群との受益能力に差がある場合に発生する不正確さ）を防ぐことができる。無作為化は、その割り当てが完全に秘密裏に行われるならば、交絡因子が偶然によってのみ分布することを保証する。盲検法を採用すると、実行バイアスと結果バイアスの可能性は低く抑えられる。（Lilford and Stevens, 2001）

社会調査研究で研究者ができることは中核となる因子や特性に焦点を絞ることぐらいで、それ以外のコントロールは困難である。したがって、交絡因子をコントロールすることはもともと難しい（Marsh, 1982）。社会調査の出発地点は母集団（研究者の関心に合致した特徴を共有する個人あるいは事例の全体）である（Bryman, 2001）。資金が潤沢か、母集団が十分に小さければ、その研究は国勢調査のような全員対象の「悉皆調査《しっかいちょうさ》」という形を取るだろう（Moser and Kalton, 1971）。たとえば、一八〇一年から実施されている一〇年ごとの国勢調査では、英国の全人口が対象となっている（Raftery, et al., 2001）。しかしながら、多くの場合、資金は限られ、それを効果的に使うためには、より小さな集団ないしサンプルで研究し、そのデータをより大きな母集団に一般化することが必要である。調査で得られた知見の一般化可能性を損なわせるバイアスを回避するため、サンプリングや選択過程において、（実験研究と同様に）無作為原理ないし偶然原理が用いられる。無作為サンプリングでは、「母集団のある個体がまったくの偶然で含まれる」（Bryman, 2001）。この偶然性が保証されることで、知見の信頼性レベル、つまり、結果の一般化可能性、得られた関連が実在すること、結果は偶然の産物ではないことの証明が可能になる（Marsh, 1982）。

状況によっては、サンプリング法をそのまま適用できないことがある。それは、その母集団を正確に定義することが難しいか、それとも、その母集団に近づくのが難しい場合である。その場合には、別のサンプリング手法を用いなければならない。たとえば、薬物乱用者のような近づきにくい母集団にアクセスする場合、スノーボール・サンプリングが適している（Bryman, 2001）。つまり、研究者は「研究テーマに関連する少数集団に接触し、そこでの関係を利用して他の人びとに接触する」（Bryman, 2001）。このようなサンプリング手法を使う場合、研究者は、得られた知見がどのように一般化できるかを検討しなければならない。

自然主義研究

自然主義研究を行う研究者にとって、サンプリングや選択は実験研究や調査研究ほど重要ではない。自然主義技法の研究者が検証すべき仮説から始めることは少ない。その代わり、難題、たとえば有害薬物の服用や魔術の信仰といった、あるパターンの行動を解き明かすことから始まる。一般化は、代表サンプルの結果から母集団の特徴に関する統計的推論を行うという形を取らず、観察された行動や出来事の背景にある社会過程や原理を考察するという形を取る。こうした状況では、サンプリングについて語ることは無意味かもしれない。たとえば、質的研究に関するデンジンとリンカーン（Denzin and Lincoln, 2000）のテキストにはサンプリングに関する章がない。自然主義研究においては、目的とする知見が得られる機会をもたらしてくれそうな事例や状況設定の選択に関心が払われる。プラマー（Plummer, 2001）は、いかに多くの生活史が偶然の出会いで得られた結果からできているかを述べている。ハマーズレイとアトキンソン（Hammersley and Atkinson, 1995）も、自然主義研究では研究の状況設定を選ぶ際、偶然要素によることが多い、と述べている。最初の状況設定は、多くの場合、単なる出発地点でしかなく、研究が進み、データ分析によって重要課題が見えてくると、これらの分析は新たな状況の選択に利用される。このアプローチは、グラウンデッドセオリーのような研究デザインにおいて精緻化されてきている。グラウンデッドセオリーは、一連のデータ収集と分析を進めながら段階的に状況設定を選択する。つまり、前の段階の分析は新たな状況設定の選択につながるような新鮮な知見を生み出す。その新たな状況設定では、その知見を検証し、「理論的サンプリング」(Charmaz, 2000) によってデータと理論とのギャップを埋める試みがなされる。

歴史研究

歴史研究において、研究者は自分の研究目的と関連の深い文書や記録にアクセスし、利用する。実験研究や調査研究と同様、歴史を研究する過程でも、偶然は重要な役割をする。ただし実験研究者や調査研究者は、偶然を駆使して選択バイアスを最小化しようとするが、歴史文書を利用する研究者は、保存記録に埋め込まれた無作為要素や偶然要素に関する知識をもち、適切に扱わなければならない。ジョーダノーバはつぎのような観察を行っている。

多くの史資料は偶然に生き残ってきた。それらは火事や洪水などの災害に弱いし、故意に傷つけられることも多かった。また、放置されたままであったことも損傷の大きな原因になっている。しかも、これらの史資料は必ずしも耐久性を考慮して作成されているわけではない。大部分の公的団体は、未来への視点から、意図的に自分たちの活動記録を残そうとしてきたが、他の多くの日常生活について保存性はほとんど意識されていない。後世のために記録を残そうとする試

みでも、それらの記録は損傷を受けやすい状態に置かれたままである。(Jordanova, 2000)

歴史研究に日記を使う研究者は、日記作成の意思にも日記の保存にも関与できない。本質的に、彼らは便宜主義的(opportunistic)であり、入手可能なもので何とかしなければならない。重要な問題は、何が残されていて、それがどこに保管されているか、見せてもらえるか、それは研究目的とどのように関連しているか、にかかわるものである。特定の歴史事例研究、あるいは特定の日記のなかの物語性に焦点が当てられている場合、代表性の問題は重要ではないかもしれない。しかしながら、研究者は、特定の日記ないし日記群からより大きな集団の経験へと一般化を図る場合、日記作者(たち)の代表性を吟味する必要がある。解釈とは固定的なものではなく、新たな追加情報が確認されると、それに伴って変わっていくものである。たとえば、ジョーダノーバ(Jordanova, 2000)によれば、『アンネの日記』は最初、一部しかないものと思われていて、偶然に残存していて、出版されて広まったことで、象徴的な地位を与えられたという(たとえば、アンネフランクハウス〈Anne Frank House, n.d.〉に引用されているプリーモ・レーヴィ〔イタリアの化学者・作家。アウシュヴィッツ強制収容所からの生還者〕や、ネルソン・マンデラ〔南アフリカ共和国第九代大統領、ノーベル平和賞受賞〕、エレノア・ルーズベルト〔米国第三二代大統領フランクリン・ルーズベルトの妻〕の個人的回答を参照)。しかし、最近になって歴史家は、日記を解釈するための「まったく新しい文脈を提供する別の生原稿」を確認した(Jordanova, 2000)。

コメント

実証研究の開始にあたって、その研究に、誰を、どんな理由で含めるのかを決める必要がある。その選択と決定は、研究の目的とデザインという文脈に沿うものでなければならない。実験研究や調査研究では、特定の事例からより大きな母集団へと一般化を図ることが重要視されることから、研究者はバイアスの危険性、つまり非代表性を小さくするための系統的な選択手続きを踏む。自然主義技法を使う研究者は人数や選択技法にはあまり関心がなく、むしろ理解と洞察を深めてくれそうな個人や集団に参加してもらうための機会に関心がある。現存する非要請型日記を利用する研究者は、その日記がどこにあるのか、個人が所有しているのか、それともどこかに保管されているのか、確認する必要がある。比較的最近の過去を扱う研究者は、検索方略を駆使して、必要な日記が誰の手元にあるか確認しなければならない。もっと昔を扱う研究者は、保管場所を突き止めなければ、利用できない。

◇実験・調査研究のための日記作者の選択と募集◇

実験研究と調査研究において、研究参加者の選択は研究過程のなかできわめて重要な部分である。

実際、研究参加者は一定の基準を満たさなければならない。実験研究の場合、その基準は実験の性質によって決まる。他方、調査研究の場合、選ばれたサンプルからより大きな母集団へと一般化する必要から決まる。

研究参加者を募集する

実験研究において、実験に参加する人の特徴は実験の性質に規定される。日記を用いるときには、日記作者が正確な記録をつけられる人であることも確認しなければならない。一般に、日記が用いられるのは、研究者が観察することのできない、そして日記作者が研究者の代理として観察し関連データを記録するときである。たとえば、糖尿病や多発性硬化症のような慢性疾患に対して、別々の治療計画がもたらす影響を観察するときには、研究参加者に、指示された治療計画を遵守していることを記録してもらうだけでなく、血糖値のような関連する臨床データを記録してもらうことも必要である。このような場合、研究者の指示に従うことが確実で、かつ、正直で正確な記録をつけることのできる研究参加者を集めなければならない。

この問題は、以下の三つの過程を通すことで解決できる。

・最初の採用過程

・日記作者に対するトレーニングと、彼らへのサポート
・書かれた記事の信頼性のチェックと、その記事に対する適切なフィードバック

実際には、三つの過程は相互に結びついている。たとえば、研究の要件を完全には満たしていない人が採用されたときには、トレーニングとサポートを通じて、日記作者としての能力を育成できるかもしれない。本章では、募集の問題について考察し、その他の問題は第4章で扱う。

日記作者の募集にあたって、研究者は、募集する人物が、日記をつける能力をもち、なぜ日記や記録をつけるのか、その目的を理解し、正確な記録をつけようという動機づけをもっているか、確かめる必要がある。

能力

記録技術の発達で、日記作成に録音・録画装置を使うことが可能にはなったものの、伝統的日記の作成には、記録のための基本的能力、つまりリテラシーが必要である（Corti, 2003）。実験研究で日記を用いる場合、定期的に記録をつけることに加え、さらなるスキルが求められる。たとえば、ある特定の治療法が糖尿病に影響を与えるようすを観察する方法として日記を用いる場合、日記作者は、血糖値を測定して記録し、正確に症状を報告し、しかも、そのすべての記録が指定時刻に行われたことを証明する必要があるかもしれない。実際、日記作者は有能な医学専門家が糖尿病を観察するために

必要なスキルの獲得を期待される。要求されるスキルの厳密さは、その実験固有の性質や記録すべき情報のタイプに依存することになろう。

理　解

実験は実証主義パラダイムのなかで設定されることが多い。このパラダイムは「自然科学的方法論の適用と社会科学への応用」を採用し、確実性と厳密性、客観性の三つをもたらす方法論を用いるよう要求する（Brewer, 2003a）。したがって、記録は正確かつ厳密に、そして所定の手続きにのっとって行われていることを保証することが重要である。日記作者がこのような考え方の重要性を理解していない場合、その実験は危ういものとなる可能性が高い。

動機づけ

日記をつけることは、時間を要し、他の作業を中断する活動とみなされるかもしれないので、日記作者は、指示された方法できちんと日記をつけるよう動機づけられなければならない。その研究の進行とともに、日記作者の能力は開発され高まる可能性はあるものの、動機づけは低下するかもしれない。実験が、日記作者に押し付けがましく不自由だと感じさせるような介入への遵守を求めるような場合、動機づけはとりわけ問題になろう。たとえば、糖尿病の研究における介入が、日記作者が続けるのは難しいと思うような食事療法の変更を伴う場合、正確な記録を付けるための動機づけはかなり低下する可能性がある。

「謝礼ないし謝金」は、動機づけを高める一つの方法として使えよう。市場調査や治験のような業務研究では、参加者に謝金が支払われることが多い。しかし、非業務研究では、謝金はあまり一般的ではなく、議論の分かれるところである。たとえば、われわれは脳卒中生存者を対象に行った日記研究で、参加者が投入してくれた時間と労力に対するお礼として、参加者に謝金を支払いたいと思っていたが、研究助成元は、謝金は好ましくないと感じていたようだ（Alaszewski and Alaszewski, 2005）。謝金を支払う研究者もいる。たとえば、「シグマプロジェクト」は、一九九二年から九三年の研究で、テレンス・ヒギンズ・トラストが見事に書かれた日記を提供してくれたとき、同トラストに対し二ポンドの寄付を申し出た（Coxon, 1999）。また、ジョーンズらは、研究参加者に「一〇週間の実験参加に対し一〇〇〇香港ドルの報酬」を支払った（Jones, et al., 2000）。謝金の問題は社会科学の文献ではほとんど無視されているが、医学研究の文献では話題となっている（たとえば、Johns Hopkins Medicine, 2004; Grady, 2001を参照）。謝金はつぎのような場合には倫理上、認められる。つまり、それが実験参加に誘導する不適切な誘因とならない場合、および、

> それが、かかった時間や費用を合理的に償うような場合である……それは、人びとが、何かの支出であれ、もらい損ねた賃金であれ、余計なコストを負担することなく研究に参加できるよう

にする。(Grady, n.d.)

再発寛解型多発性硬化症の患者に対するベータ・インターフェロン療法の効果に関するパーキンら (Parkin, et al. 2000; 2004) の日記研究は、実験研究における日記作者の募集方法の一例を示している。この実験では対照群を設けず、実験群として六二名の参加者が募集された。研究班は、当初もっと多くの有資格者にアプローチして、動機づけの問題に対処した。候補者のうち、参加意欲の起きなかった者は参加を取りやめることができた。つぎに、彼らは参加者にトレーニングを課し、最初の日記を手渡しし、日記記事の見本に目を通させることで、能力と理解の問題に対処した。研究班は有資格者を確定するために、ある地域の医療サービスを利用し、有資格者を定義するために参加基準を用いた。

［有資格者は、］イギリスのタイン川に近いニューキャッスルの神経科サービスの担当地区の住民であった。参加基準は、医師たちによってベータ・インターフェロン療法に適していると認定され、また病気を再発したことがない（病気の再発は、「入院または日帰り入院で、病院での処置が必要であるほどの、新しい症状の発現、または既存症状の悪化」と定義された）ことであった……このプロジェクトは短期間で、われわれは真の無作為サンプルを収集することができなかった。つまり、適切なサンプルは、研究班の看護師によって適切と判断された人から選ばれた。(Parkin, et al., 2004)

確認ボックス3・1　実験研究で日記作者を募集する際に考慮すべき一般的問題

能力

・日記作者にはどのようなスキルが必要か。
・それらのスキルをどのように評価するか。
・スキルはどのように伸ばすことができるか。

理解

・日記作者はその研究について何を理解する必要があるか。
・その理解度をどのように評価するか。
・理解度をどのように高めることができるか。

動機づけ

・日記作者にはどのような動機づけが必要か。
・それをどのような方法で評価するか。
・動機づけをどのように維持し、高めることができるか。

誘因

・かかった時間や費用に対して妥当なお返しをすることは適切か。
・どのような種類のお返しをすべきか。
・どの程度のお返しが適切か。

研究班はこの募集過程に起因するバイアスの有無を検討した。六二名の参加者の特徴と人口全体の特徴とを比較したところ、両者は一致しており、明らかなバイアスは存在しないことが確認された。彼らによれば、「全体として日記のできばえは大変すばらしく、完成率も高く、質もよかった」ということであった（Parkin, et al. 2004）。つまり、三九名の回答者（六三％）が完全な記録を残し、毎日、すべての項目が記録されていた。

調査研究のための参加者を募集する

能力や理解、動機づけの問題は、社会調査研究のために日記作者を募るときにも関連がある。しかしながら、調査研究の場合、日記作者の関与は限られ、要求されるものも少ない。実際、調査研究でも、実験研究と同様、日記作者になんらかの影響を与えるようなデザインにはなっていない。調査研究の場合、参加者の選定方法が決定的に重要である。臨床試験のような実験研究では、研究者は、特定の基準を満たしている研究参加者を継続して試験に参加させようとする。それは、統計的検定ないし「検定力計算」において、試験群と対照群とのあいだで観察された差異が偶然の産物ではなさそうであることを証明するのに十分な数が得られるまで続けられる。調査研究の参加者は、彼らが同種の個人ないし実体からなる大きな集団を、何らかの形で代表しているという理由で集められる。したがって、調査研究の中心は、その大きな集団の性質であり、その大集団を代表するように個人を選択ないし抽出する一定の過程である。サンプリングはつぎの点を意図して設計される。すなわち、データ収集コストの最小化、および収集データの精度の向上（Miller, 2003a）、そして、サンプルで確認されたデータがどのくらい一般化できるかを論じられるための根拠が得られることである。

　調査研究における選択ないし抽出の過程の出発点は、どんなタイプの情報を必要とし、そのような情報を得たいと思っている母集団の定義である。その次に必要なのが、この母集団から無作為抽出のような手法によって代表的な個人や実体を確定するための戦略である（たとえば、Miller, 2003a を参照）。研究者は、選ばれた個人全員に実験に参加してもらおうとするが、実際には、何人かは参加を望まないだろうし、それゆえ、募集後、この回答の欠損がどのようにデータの代表性に影響したかを検討する必要がある。

「家計食費調査」は、日記を使って、成人と七歳から一五歳までの子供の支出パターンをモニターしているが、この調査は、大規模日記調査における参加者の集め方に関するよい実例になっている。それは、二つの継続中の調査にもとづいている。一つはイギリス、もう一つは北アイルランドである。調査はイギリス政府の統計機関であるイギリス統計局が行なった。政府および政府系機関は、この調査から得られた情報を使って、全国の支出傾向の変化を確認している（Craggs, 2003）。この調査では、基本単位として、個人ではなく世帯を使っている。世帯は「同じ住所に住み、家計を共有する人びとの集団」と定義されている（Craggs, 2003）。北アイルランドの調査では「不動産評価局」のリストにある住所が、イギリスの調査では「郵便番号住所リスト」がそれぞれ利用されている（Craggs, 2003）。北アイルランドのサンプリングはリスト上の住所をそのまま無作為抽出している。イギリスの場合、リストは、地理その他の主要な社会変数について階層化されていて、郵便区域はその階層のなかから無作為に選ばれる（Craggs, 2003）。抽出の最終段階は、統計的操作で得られたサンプルの代表性に及ぼす回答拒否の影響度を調べることである。

「家計食費調査」は世帯を構成する全員を扱っている。そこでは、定義可能なサンプリング・フレームが存在し、そのフレームを使って抽出された世帯にアクセスすることは比較的たやすい。近づきにくい集団、たとえば、貧しい人びとや社会的スティグマを負う人びと、プライバシーを保護されたエリートが含まれるとき（Atkinson and Flint, 2003）、一般に母集団のサンプリング・フレームは存在せず、しかも、そうした個人ないし集団は多くの場合、接触を避けようとする。

一般に、このような集団へは、仲介者（研究者にアクセス手段を提供し、保証してくれる個人ないし団体）を介してアクセスしなければならない。日記を完成させることは、アンケートへの回答や、一回限りの面接に参加することよりも長い時間がかかるので、このような保証が特に重要である。考えうる一つの募集方法は、その集団やコミュニティのなかで有力な位置にいる個人なり機関を利用することである。たとえば、移民集団には、彼らの母国語で書かれた新聞が出ていて、参加者の募集広告を出す場として利用できるだろう。このアプローチの一つの問題は、誰が募集に応じ、それゆえ代表性のチェックの必要性、また、回答へのバイアスの有無について、研究者がほとんどコントロールできないことである。参加者の選定にコントロールを効かせるもう一つの方法は、最初に、集団のなかで思いあたる接触可能なメンバーにあたることである。そして、そのメンバーの信頼を得たあと、彼らを頼りに、あまり知られることのない「その集団の覆い隠された水面下の隠れた下位集団」を確認し、接触するのである（Coxon, 1996）。このようなスノーボール・サンプリング（連鎖的紹介サンプリングとも呼ばれる。Biernicki and Wald, 1981）は、隠された母集団内に存在する社会ネットワークを頼り、利用する（Coxon, 1996; Arkinson and Flint, 2003）。この場合、参加者の募集過程をある程度コントロールすることはできるが、それでもバイアスの問題と代表性のチェックは欠かせない。

　接触困難な集団の日記研究で重要なものの一つに「シグマプロジェクト」がある。これは、同性とセックスする男性の性行動に焦点を合わせて、特にＨＩＶ感染に関係する変化を観察している（Coxon, 1996）。プロジェクトの全体は、一九八七年から一九九四年に行われた相互に関連する多くの研究から成り立っている。そして、

> ヨーロッパにおける、同性愛や両性愛の男性とエイズに関する最大かつ長期間にわたる詳細な研究であり、ゲイ男性のコミュニティ自体のなかから発生したイギリスにおける唯一の研究となった。（Coxon, 1996）

　この研究は、ゲイ男性の性行動に関する既存の研究を批判することから始まった。こうした研究は、一般にサンプリング・フレームとして性感染疾患の受診者を利用していた。コクソンは、そのような母集団は、「ゲイ男性母集団内でかなり性的に積極的な若者が多く含まれる」傾向にある、と述

べている（Coxon, 1996）。「シグマプロジェクト」の概念上の母集団は、「男性とセックスする性的に積極的な男性」であった（Coxon, 1996）。これによって、「同性愛」のような性的志向の自己定義を用いることによる問題を回避できた。同性愛という自己定義を基準にすると、性的に積極的でない男性を含む可能性や、男性と女性の両方とセックスする男性を除外する可能性があった。コクソンは、このような母集団に広範な定義（すなわち、母集団の一部を構成するすべての個人を定義し、把握するような定義）を適用することは不可能である、と述べている。というのは、「存在し、かつ〈隠蔽されている〉問題が数多くのバイアス因子を持ち込むと予想され（Coxon, 1996）、それゆえ母集団のサンプリング・フレームを設定できないからである。

「シグマプロジェクト」の研究者は、この接触困難な母集団にアクセスするために多数の戦略を用いた。彼らは、ゲイ男性として、ボランティアを呼びかけるために、ゲイ男性向け新聞を利用できた。一九九二年の一一月から一二月にかけて、*Boyz, Pink Paper, Capital Gay*（いずれも週刊）、*Gay Times*（月刊）を利用することで、七九件の日記が得られた（Coxon, 1996）。研究の後半では、コクソンは、カーディフとロンドンでも、スノーボール・サンプリングを使って日記作者を募った。彼は、このサンプリングで代表性を満たすために、対象群の分類から始めた。これは年齢と性的関係タイプにもとづいていた。彼は三つの年齢集団を構成した。

・二一歳未満の男性（男性との性行為は法的に禁じられている）

・二一歳から三九歳未満の男性
・三九歳以上の男性（一九六七年の性犯罪法以前に成人になった人。それまでは男性とのセックスは違法だった）

つぎに三種類の関係を規定した。

・閉じた関係（あるいは一対一の関係）
・オープンな関係（一人の決まった相手、他の複数のパートナー）
・決まった相手がいない

研究班は、ゲイパブやゲイクラブ、ボランタリー組織を通じて、母集団内の接触しやすそうな人を「抱き込む」ことから、参加者の募集を始めた。つぎに、この最初の接触者に、参加してくれそうな他の人物（彼らと年齢や関係の点で似ていて、できれば接触の難しい、つまり、ゲイであることを「告白」しない人物）を識別して、誘うよう依頼した。

コクソンは、一九九六年のレポートで、日記作者の代表性を募集の段階別に分析した。サンプルは、中間の年齢集団（二一歳から三九歳）の、そのなかで特にオープンな関係をもつ者か、決まった相手がいる者に偏っていた（Coxon, 1996）。研究班は、あるタイプの個人には接触が難しいことを見出した。この募集過程は匿名で行われたため、誰が二番目、三番目の人物を指名したのかは不明であった。また、その連鎖は三回続いたあとで切れる傾向があった。このつながりの弱さは、たまたま他の男性とセックスしただけという男性を過小評価する結果を招いた（Coxon, 1996）。

確認ボックス3・2　社会調査に参加する日記作者を募集する際に考慮すべき重要項目

研究の目的
- 目的が明確に定義されているか。
- どんな種類のデータが求められているか。
- それらのデータはどの母集団から得られるか。

対象母集団
- 母集団を定義し、特定することが容易か。
- アクセス可能なサンプリング・フレームが存在するか。
- その母集団を定義することは難しいか。
- その母集団はアクセスすることが難しいか。

サンプリング戦略
- 母集団を階層化する必要があるか。
- 母集団に含まれる全員または定義された階層の無作為抽出が可能か。
- その母集団の定義やアクセスが困難な場合、サンプルを確保する戦略としてどんなものがありそうか。

非回答の影響
- 非回答や参加拒否の程度はどのくらいか。
- サンプルの代表性を評価するために使える母集団情報は存在するか。

コメント

実験研究と調査研究において、日記は、ある特定の特徴をもつ個人や出来事に関する情報にアクセスする手段である。そこでは、日記作者は、研究者がこの種の情報にアクセスできるようにしてくれる仲介者としての役割を果たす。したがって、「適切な」日記作者を募ることは研究の重要な部分である。日記作者は日記を続ける能力をもたなければならない。日記作者は、研究結果が、限られたサンプルから大きな母集団へ一般化できるように、母集団を「代表する」者でもなければならない。実験研究でも調査研究でも、参加予定者は一定の基準を満たす必要があり、バイアスを避けるための系統的な募集手続きが存在する。この方法は、選択バイアスを最小化するための無作為過程の利用を含む。実験において、参加者は介入や対照群に無作為に割り当てられるかもしれない。他方、調査において、参加者はある母集団のサンプリング・フレームから無作為に選定されるかもしれない。しかし、拒否や非回答がこの過程を侵食して、系統的バイアスを持ち込む可能性がある。いかなるバイアスでも、それを確認し、それに備えるために、実際の参加者の特徴をよく調べる必要がある。

◇自然主義研究に参加する日記作者◇

自然主義研究者は参加者の募集に別の角度からアプローチする。研究への参加者を、目的のための手段、より大きな事例集団に関する知見を得るための手段、と見るのではなく、主焦点、興味の中心として見る。人びとの行為や行動に興味をもち、なぜそうするのかを知りたいと思っている。このような焦点の移動は、二〇世紀初めの他文化の民族誌研究において、また、個人やコミュニティの事例研究に焦点をあてた社会学的研究、特に、一九二〇年代のシカゴ学派に組みする研究で起きた。ベッカーは、このアプローチにおける研究者の役割をつぎのように説明する。

研究者は独自の見地、つまり、その人物の「自分だけのストーリー」の価値を重要視する見地から研究を進める。この見地は他の社会科学者とは異なっている。彼らは、行動の説明として、人びとが、自身の経験にあてはめる解釈を重要視する。人が何かをするとき、なぜそうするのか、その理由を理解するために、その人にはどのように見えていたのかを理解しなければならない。その人は何をしなければいけないと思っていたのか、その人が受け入れやすいと考える他の選択肢は何か。機会構造の効果、逸脱したサブカルチャー、社会規範、その他通常行われる行為

の説明は、行為者の視点から眺めることによってのみ理解することができる。(Becker, 2002)

このようにして、ある人物のストーリーは、より広いカテゴリーの代表サンプルとしてではなく、それ単独で価値をもつ。このアプローチを用いる研究者も、有資格参加者を確認するための系統的戦略を用いる。しかし、サンプル抽出の対象となる母集団の定義から出発して、バイアスを最小化する系統的サンプリングを追求するよりも、相互作用と解釈が行われる社会状況ないし社会背景から始めることが多い。ウィリアムズは、このような特徴に焦点を合わせて二種類のサンプリングを説明している。

「一つのアプローチは」事例の詳細で細かな視点をもたらすように計画されたサンプルである。この場合、事例ないし単位とは、ある個人や場所、言語、文書、会話などであるかもしれない。「もう一つの」タイプのサンプルは、関連する範囲の一連の単位にもとづいていて、「より大きな領域」に関係しているが、それを直接に代表していない。ここで言う範囲には、経験や特徴、過程、タイプ、カテゴリー、具体例などが含まれる。(Becker, 2002)

ハマーズレイとアトキンソン（Hammersley and Atkinson, 1995）が述べたように、自然主義研究は演繹的というよりも帰納的な研究アプローチと結びつけられることが多い。すなわち、そこでは、理論の検証よりも理論の生成が追求される。初期サンプルは、比較的、任意に定められ、アクセスのしやすさ、あるいは便利といった実用性にかかわるものである。実際、それが、そのあとに続く事例選定の出発点になる（Hammersley and Atkinson, 1995）。初期事例から得られた知見は、あとに続く事例の選定や募集に影響を与える。このアプローチは、理論的サンプリングとしてグラウンデッドセオリーにおいて体系化された。

われわれグラウンデッドセオリストは、自分たちのカテゴリーを精緻化し、それを理論的構築物として発展させているが、データにギャップがあることや理論に欠陥があることを知っている。そこで、このデータのギャップや理論の欠陥を埋めるために、われわれはフィールドに戻り、足りないデータを集める（理論的サンプリングを行う）。この時点で、われわれは特定の問題のみをサンプルするように選ぶ。すなわち、現れつつある理論に光をあててくれそうな的確な情報を探し求めるのである。理論的サンプリングはグラウンデッドセオリーの特徴をよく表わしていて、グラウンデッドセオリー内の比較法に依存している。われわれは、理論的サンプリングを使って、現れつつあるカテゴリーを発展させ、またそのカテゴリーをより確かで有用なものにする。したがって、このサンプリングの目的は「アイデア」を精緻化することであって、原サンプルの規模を増やすことではない。理論的サンプリングによって、われわれは、概念的境界を確認し、われわれのカテゴリーの適合性や関連性を明確にすることができる。（「 」は原文のまま、

Hammersley and Atkinson, 2003）

シカゴ学派によって生み出された主要な研究の一つに、ポーランド農民のアメリカ、特にシカゴへの移民を扱った研究がある。この研究は、二〇世紀初期にポーランド農民によって書かれた家族間の手紙などの文書コレクションにもとづいている。この文書コレクションへのアクセス方法は明確にされていないが、研究者は、その地域のポーランド人社会とのつながりから出発して、多数の家族から得られた文書にアクセスし、その後、ポーランド国内の他のソースも含めて研究を拡張したようである。トーマスとズナニエツキ（Thomas and Znaniecki, 1958a）が述べているように、大量の家族間の往復書簡の存在は驚くべきものだった。農民社会のリテラシー技能は必ずしも高くなかったからである。それらの書簡は社会的義務の産物であって、不在の家族（アメリカに移住した者も含まれていた）から、あるいは不在の家族にあてて書かれた。彼らのコミュニティに日記をつける習慣があったようには思えないが、出版された報告書の大部分は、ヴァルデック・ヴィシュニエスキの生涯を日付順で詳細に記した自叙伝である（Thomas and Znaniecki, 1958b）。

メス（Meth, 2003）は、南アフリカで行った女性への暴力に関する調査研究で、日記作者を募集した方法に関する報告書を出版している。この研究は、あるカテゴリーの女性、つまり貧しい黒人女性に焦点を合わせており、ダーバンの三つの地区で募集が行われた。募集活動は二段階の過程を踏んだ。最初に、女性たちはフォーカスグループ〔ある特定のテーマについてグループで議論すること〕に参加するよう勧められた。つぎに、フォーカスグループの参加者は日記研究に参加するよう勧められた。それぞれの地区の世話役は、自分のネットワークや教会のような地域の組織を使って、グループインタビューのために四〇人の女性を集めることを請け負った。各グループは、最後に、参加者が日記研究に誘われ、全員が同意した。このセッションでは、日記研究の目的や研究者が期待することを説明し、質疑応答を行った。

この試みはある程度うまくいき、三九人の参加者が日記を戻してくれた。しかし、問題点もあった。なかに、日記の厳密な基準（つまり、個人的な内容で、その時点での記録であること）に合致しない文書があった。研究者は、日記作者の適性と日記作成に関する約束事の理解度を評価していなかった。彼らは日記作者にズールー語で書くことを望んでいたが、最初の採用時点で参加者の多くはズールー語の読み書きができなかった。研究者は、日記作者が代筆者（学校に通っている子供や信用できる誰か）を使うことを認めた。日記調査は家庭内暴力のような微妙な問題を調査する目的をもっていたが、結果として、日記のいくつかは第三者によるフィルタリングを経ることとなった。

ジョーンズら（Jones, et al., 2000）は、香港で、接触困難な母集団の一つである、男性とセックスする男性に、日記と質問紙法による研究を行った。日記研究の部分では、その男性の経験に加えて、それに付随した態度や感情、信念の把握を狙っていた。それは、

対象とする母集団の中核的な問題や関心、習慣をはっきりさせ、これらが、メンバーをハイリ

スク行動に駆り立てる可能性にどのように影響しているか、という問題を解明する理論をつくるためである。(Jones, et al., 2000)

その後に行われた質問紙調査は、母集団のより大きなサンプルを用いて、これらの知見の妥当性を検証するために計画された。研究班は「目的サンプリング」、つまり意図的かつ非無作為による選定法を用いた。実際には、男性とセックスし広東語を話し、年齢も民族的背景も異なる中国人から抽出された。そのために、ゲイ組織内の知り合い、ゲイ雑誌の広告、個人的つながりのようなさまざまな方法が利用された。最初に、電話インタビューを行い、適性があると思われる人物をふるいにかけ、残った一八人に説明会に出席するよう勧誘した。研究班は一六件の日記を得ることに成功し、そのなかから、四九件の性行動の記述を確認することができた。日記作者の出身背景はさまざまであった。

コメント

実験や調査を行おうとする研究者は、適切な日記作者を見極める厳密で系統的なアプローチの重要性、および潜在的バイアスを確認するために、実際に採用されたサンプルの特徴をチェックする必要性を重要視する。一方、自然主義的手法をとる研究者は、研究の開始にあたっては、よりゆるやかで、実際的である。自然主義研究者は、仮説や理論の検証よりも、それらの生成に興味をもっていることが多い。したがって、最初は、アイデアや可能性を広く受け入れることが大切であり、最初のアイデアは、それに続く理論的サンプリングのような、もっと系統的に選出された参加者のなかで検証することができる。自然主義研究は、研究参加者を尊重し（Hammersley and Atkinson, 1995）、個々の参加者および彼らの報告に価値が置かれる。実験や調査で、ある一つの報告が代表性をもつものとはみなされないが、自然主義研究においては、特定事象への洞察と理解を生み出す事例研究として利用できる「生活史」に成りうる。

確認ボックス3・3　自然主義研究に参加する日記作成者を募集する際に注意すべき重要項目

研究目的

- 目的は明確に規定されているか。
- どのようなデータが求められているか。
- どういう集団や個人を募集しようとしているか。

対象集団との関係と接触を構築する

- 最初の接触点は存在するか。
- どうやって対象個人との接触を広げられるか。

相手との信頼を築く

- 研究者は対象集団に受け入れられているか。
- 研究者の存在が自然な関係や行動にどの程度影響するか。

・どうやって関係を築き、個人的行動記録をつけるように集団メンバーを説得できるか。

◇非要請型日記にアクセスする◇

前の二節（99～120ページ）では、研究のためにつけてもらう日記について検討した。日記は個人的文書であり、適切な参加者、つまり必要な情報やデータを提供しうる能力と熱意をもつ人物を見きわめる方法を中心に考察してきた。この節では、非要請型日記を探し出し、それにアクセスする方法を考察する。こうした文書は、研究者が興味をもつ以前から存在するため、主要な問題は、関連する日記のある場所と、それらへのアクセス方法に関連したものになる。大雑把に、現在、日記作者あるいはその人の家族や友人によって所有されている日記と、何らかの形で歴史文書アーカイブに保管されている歴史的日記とを分けて考えよう。両者の違いは、書かれた時代ではなくアクセス方法に関係している。たとえば、サミュエル・ピープスは、死に臨んで、日記を含む蔵書をケンブリッジ大学のマグダレン・カレッジに寄贈したため、研究者はそこで閲覧することができた（Tomalin, 2002）。一方、ピープスと同時代人であるラルフ・ジョスランの日記原本は一九六〇年代においても個人所有物であった。ただし、その一部は一九〇八年に出版され（Hockliffe, 1908）、完全版のマイクロフィルムと写本は、エセックス・カントリー・レコード・オフィスに預けられていた（MacFarlane, 1970）。まず、近年ないし現代の日記に、そのあとで、歴史的日記にそれぞれアクセスする方法を考えることにする。

個人所有の日記

近年の大半の日記は、作者自身か家族、友人の手元にあるため、その存在を記した正式記録も、アクセスする公的手段も存在しない。したがって、こうした日記にアクセスするには、日記を所有している個人を特定する方策が必要となる。研究者は日記を保有していそうな個人を特定しえても、日記の所有率は、対象集団のごくわずかな割合でしかないことが多く、このことはかなり時間を要する課題といえよう。そこで、日記を所有していそうな個人と面識のある仲介者を利用すれば、効率もよくなるであろう。日記を含む近過去の話を構成したり、把握したりするうえで、マスメディアは大変効果的であることがわかっている。たとえば、イギリスにおいて、第二次世界大戦に関するメディアの関心が、Ｄデー〔英米連合軍が北仏ノルマンディに上陸した一九四四年六月六日、ヨーロッパ大陸進撃開始日〕のような一連の重大事件の六〇周年記念日とともに盛り上がった。ＢＢＣは、この戦争に関する個人的ストーリーのインターネット・アーカイブづくりを積極的に推進、運営している〔http://www.bbc.co.uk/ww2peopleswar〕。これらの報告は、電子入力を行い、登録する手間を要するが、急速に大きくなり、個人的文書記録の一大アーカイブとなっている。ＢＢＣは、このアーカイブの目的をつぎのように説明している。

「だれもが語るべきストーリーをもっている。第二次世界大戦の記憶を共有しよう」

WW2 People's Warは、第二次世界大戦に関する人びとの個人的ストーリーを収集し、保存することを目的としたサイトです。軍人であれ市民であれ、自国にいようが外国にいようが、前線にいようが銃後にいようが、あらゆるストーリーは、戦争で国が払った尊い犠牲のことを次世代に伝える重要な役割を果します。

もし、あなたがあの戦争を体験していたら、どうぞあなたのストーリーをお寄せください。写真も添付できます。あるいは、あの時代を知っている人をご存知で、そしてその人がコンピューターに不慣れだったら、手伝ってあげてくれませんか。このサイトに投稿する方法を「Guided Tour」で説明しています。

（注意事項）「WW2 People's Warは、インターネット専用プロジェクトです」。つまり、郵便や電話による投稿は受け付けられません。しかし、全国には二〇〇〇以上のPeople's Warセンターがあり、あなたのストーリーのオンライン投稿をお手伝いします。あなたの最寄りにあるPeople's Warセンターを知りたい場合は、つぎのヘルプラインにお電話ください。08000150950。(WW2 People's War Team, 2004)

個人所有されている日記へのアクセス方法を公表した例はほとんど見あたらない。ミラー（Miller, 1985）は、アメリカのアイルランド移民の研究で、トーマスとズナニエツキ（Thomas and Znaniecki, 1958a）の例をもとに、非要請型個人文書（大半は手紙であるが、日記も少し含まれる）を利用した。一九七二年から一九八三年のあいだにミラーがアクセスした個人保有文書が付録としてリストされている。謝辞で明らかなように、ミラーは個人保有文書にアクセスするために、アイルランド移民社会とつながりのある機関や個人を利用した。そのなかには、前アイルランド駐在米国大使やミシガン大学の「Immigration Sources Project」が含まれている。

◇アーカイブに保管されている日記◇

アーカイブに保管されている日記文書は、その時点ですでに歴史的文書としての地位を獲得している。すなわち、それらは、その時代ないし記録した人物の地位ゆえに、固有の価値が与えられている。しかし、最近では、研究のために要請されて書かれた日記を含む個人的文書がアーカイブに保管される例が増えている。エセックス大学のＥＳＲＣデータ・アーカイブは当初、特に調査で得られた量的データに焦点を合わせて保管していた。いま、そのアーカイブは「Qualidata」と「Economic and Social Data Service（ESDS）」になり、研究者にデータ提供を呼びかけ、日記のような質的データへのアクセス手段ともなっている（Corti, et al., 2003）。試しに「日記」というキーワードで「Qualidata」サイトを検索すると、一四四件の記事がヒットした（ESDS Qualidata, 2005）。その大部分は、家計食費調査やシグマプロジェクトのような大規模でよく知られた調査の一環として収集された日記であった。

このような専用のデータ・アーカイブに保管されている日記データが少ないことを考慮すると、非要請型日記にアクセスしたいと思う研究者は、やはり歴史的文書アーカイブに頼らざるをえない。一般に日記は、大きなアーカイブの小さな部分にすぎず、日記にアクセスすることは、必然的に今後アーカイブされるかもしれない日記に関する情報を得ることでもある。つまり、アーカイブの一般的目録のソースは特に有用というわけではないことを意味する（Foster and Sheppard, 1995 を参照）。それでも、保管あるいは出版されている日記に焦点をあてたソースはたくさん存在する。マシューズは、アメリカの日記（Matthews, 1945）と、イギリスの日記（Matthews, 1950）それぞれの文献目録を出版した。その後、アークセイ（Arksey, 1983; 1986）は、アメリカの日記を対象にした目録二巻を出版し、ハブリス（Havlice, 1987）は、イギリスで出版された全日記の目録を出版した。こうした出版物は、今や電子版で追加されたり、置き換えられたりすることが増え、それらはインターネットを通じてアクセスできるようになっている。たとえば、ペン・ライブラリ（Penn Library, 2004）は、自前の目録システムとアメリカの二つの目録システムを使って、日記研究のためのガイドを作成した。

アーカイブに保管されている日記には、オンラインでアクセスできるものもいくつかある。マス・

オブザベーション（The Mass Observation）・アーカイブ〔http://www.massobs.org.uk〕は、日記そのもののコレクションとして貴重である。マス・オブザベーションは、「われわれ自身の人類学」を発展させるために設立された社会調査団体であり、「一般の人に、日々の生活を日記形式で記録するよう呼びかけた」（Sheridan, 1991）。マス・オブザベーションは男女五〇〇人を募集し、彼らの大半は一九三九年から一九四五年まで日記をつけた。なかには一九六五年まで続けた人もいた。これらの日記は一九七〇年までロンドンの本部に保管されていたが、その年、サセックス大学がマス・オブザベーションの全文書のアーカイブをつくった。このアーカイブはウェブサイトを運営し、保管している日記に関する情報と、その日記類にもとづく刊行物の情報を提供している（保管されている日記の索引は、http://www.sussex.ac.uk/library/massobs/diaries_1939-65.html〔その後、http://www.massobs.org.uk に移設された〕）。

ポラック（Pollock, 1983）は、子ども時代とりわけ親の子育ての実際を研究するために日記を利用し、その研究は、社会調査に非要請型日記を適用した好例である。ポラックは、一五〇〇年から一九〇〇年の四〇〇年間で、育児パターンがどのように変わったかを明らかにする目的で、日記や自叙伝のような文書を利用した。実際、そうした文書は、出版された育児書の基礎となった子育てに関する専門家の意見よりも、特定時期における子育ての実際をよく教えてくれるものであった。彼女は、育児の説明を含む日記の研究を始めるにあたって、その時点で入手可能だった標準的な文献目録、なかでもアメリカの日記（Matthews, 1945）と、イギリスの日記（Matthews, 1950）に関するマシューズの目録を使用し、一九五〇年以降の日記を特定するために全英文献目録を使った（Pollock, 1983）。さらに、マクファーレン（MacFarlane, 1970）の研究からラルフ・ジョスランの日記を特定し、英国図書館の図書目録に目を通し、八つの日記を突きとめた。全部で四一六件の文書が利用できることがわかり、そのうち、アメリカの日記が一一四件、イギリスの日記が三六件、自叙伝が三一六件であった。九六件の日記は、子どもが書いたものか、作者が子どものうちに書き始めたものだった（Pollock, 1983）。

コメント

非要請型日記を利用しようとする研究者は、目的にかなった日記がどこに保管されているのかを特定しなければならない。比較的新しい日記は、作者自身か家族が個人的に保管している可能性が高い。したがって、作者の個人的なつながりを通じて、あるいは信頼できる機関やマスメディアのような仲介者を通じて、日記を保管している可能性のある人物の所在を調べる必要がある。古い時代の日記はアーカイブに保管されているので、書誌情報を利用して、目的とするアーカイブを特定し、そのコンテンツを調べることになる。

確認ボックス3・4　非要請型日記を利用する際の注意点

どのような日記なのか

・研究に必要な情報をもたらしてくれそうなのはどんな種類の日記か。
・その日記は最近のものか、それとも古い時代のものか、あるいは両者が混じっているものか。

最近の日記

・日記はどこに保管されていそうか。
・日記を保管している可能性のある人物と接触するためにもっとも効果的な方法は何か。

古い時代の日記

・それらは文献目録で探し出せそうか。
・もし、その可能性がある場合、他にも利用できそうなソースはないか。
・もし、その可能性がない場合、関連する日記を保管していそうなアーカイブはどれか。

◇まとめとコメント◇

研究目的を決めたら、つぎはデータ源を特定しなければならない。要請型日記の場合、これは適切な日記作者を特定することを含む。適切さの定義は、研究目的や研究計画、対象とする母集団、効率的に日記をつけるのに必要なスキルによって決まる。非要請型日記の場合、保管されていそうな場所と、どうしたらそれにアクセスできるかを特定する必要がある。

◇重要ポイント◇

全　体

・研究目的と研究計画が日記の選定において重要な役割を果たす。

実験研究と調査研究

・得られた知見の一般化が重要であり、このことを考慮すると、母集団の定義からスタートすることが必要である。
・母集団内のすべての個人ないし実体を特定でき、それらをリスト化できるのであれば、つまり、母集団のサンプリング・フレームが存在する場合、日記作成有資格者の特定には明確で系統的な戦略を用いるべきである。
・サンプリング・フレームを絞り切れないか利用できない場合は、スノーボール・サンプリングのような実際的な募集方法を用いることになる。

自然主義研究のための要請型日記

・最初、研究参加者ないし研究事例は実際的な見地から選定される。それは、最初の事例の分析が、洞察をもたらし、その後に続く場面設定や参加者の選定に影響を及ぼす（たとえば、理論的サンプリングの使用）からである。

・各事例の報告はそれぞれ価値のある情報として扱われ、たった一つの日記でも、それは重要な事例研究として利用でき、「生活史」の基盤となりうる。

非要請型日記

・その研究にふさわしい日記の種類と、それが保管されていそうな場所を特定しなければならない。

・比較的新しい日記は、作者本人か家族ないし友人によって保管されている可能性が高い。このような場合、広告ないし仲介者を通して、日記の保管者に接触する方法を見つけなければならない。

・古い歴史的日記はアーカイブに保管されている可能性が高く、なかには出版されているものもあるだろう。この場合、そうしたアーカイブを特定し、入手可能な文献所在目録を利用する。

料金受取人払郵便

小石川支店承認

6361

差出有効期間
平成25年1月
10日まで
(期間以降は
切手をお貼り
ください。)

郵便はがき

112-8790

133

(受取人)

東京都文京区大塚3−20−6

㈱誠信書房 行

電話 03-3946-5666／FAX.03-3945-8880

http://www.seishinshobo.co.jp/

●ご購入ありがとうございます。今後の企画の資料にさせていただきますので、ご記入の上、ご投函ください。

フリガナ		男・女
ご氏名		歳
ご住所	〒□□□-□□□□	
電話	( )	
職業または学校名		

新刊案内(無料)	a. 現在送付を受けている(継続希望) b. 新規希望 c. 不要	総合図書目録(無料)	a. 希望 b. 不要

＊ご記入いただきました個人情報につきましては、小社からの案内以外の用途には使用致しません。

●愛読者カード

書　名（お買い上げの本のタイトル）

1　本書を何でお知りになりましたか

① 書店の店頭で（　　　　　　　　　　　　書店）

② 新聞・雑誌広告（紙・誌名　　　　　　　　）

③ 書評・紹介（紙・誌名　　　　　　　　）

④ 小社の新刊案内・ホームページ・図書目録

⑤ 人にすすめられて　⑥その他（　　　　　　）

2　定期購読新聞・雑誌をお教え下さい（いくつでも）

- 新聞（朝日・読売・毎日・日経・産経・その他）
- 週刊誌（　　　　　）　• 月刊誌（　　　　　）

3　本書に対するご意見をお聞かせ下さい

1. 装丁について	良い	普通	悪い
2. 価格について	安い	普通	高い
3. 内容について	良い	普通	悪い

4　本書についてのご感想や小社へのご希望などをお聞かせ下さい

◎ 演習問題 ◎

以下の三つの研究プロジェクトのシナリオについて、適切な日記ないし日記作者を特定する方法を学ぶ。

プロジェクト１

イギリス教育雇用省は、小中学校教師のストレスに懸念をもち、秩序を乱す生徒の問題や要求される文書類の変化が教師の時間管理方法に悪影響を与えているかどうかを明らかにしたいと考えている。同省は、日記にもとづいた研究委託を行うこととし、教員免許取得者の登録名簿を開示することを認めた。その名簿には、教員の年齢、資格の種類、現在の職位と勤務地が記されている。この研究への参加者を選定する方法を考えてみよう。

プロジェクト２

ある保健機関連合は、当該地区の脳卒中既往歴のある高齢者向けのサービスを見直している。保健機関は現行サービスの経費と処理量に関するデータを把握しているが、患者の治療内容とケア経験（特に、長期リハビリテーションや地域サポート）も考慮に入れたいと考え、縦断的な日記研究を望んでいる。脳卒中既往者の経過はさまざまである。脳卒中専門病棟に入院している人もいれば、一般病棟に入っている人もいる。病院に行っていない人もいる。さて、研究への参加者をどうやって募集すればいいだろう。

プロジェクト 3

あなたは経済社会研究会議に研究費の申請をしようと考えている。それはつぎの仮説を検証する歴史的研究を行うためである。その仮説とは、現在の薬物乱用の流行は、精神活性物質が狭い範囲で社会的に許容され、管理された方法で使用されていた近代から、精神活性物質が広い範囲で入手され試されている現代に移行したことを反映している、というものである。さて、この研究に適した日記の特定方法と入手方法について考えてみよう。

第4章 データを集める

——日記とガイドライン、サポート

日記は、十分注意して取り扱い、またインフォーマントから適切な協力が得られるならば、面接やその他のデータ収集法では得られないデータを記録する方法となる。（Hammersley and Arkinson, 1995)

本章のねらい

・研究のための日記を注意深く扱い、日記作者から適切な協力を得られる方法を探る。

本章の目的

・研究目的に合致した材料を生み出すような日記に構造化するための選択的方法をいくつか検討する。

・日記作者との関係を築き、その関係を維持する方法について検討する。

・日記作者に与える指示書ないしガイドラインのタイプを検討する。

◇日記を構造化する◇

日記に記載される情報の種類をどの程度コントロールするかは、研究者の立場によって異なる。実験法や調査法を用いる研究者は、研究に関連するデータのみが構造化された様式で記録されることを望む。彼らは、日記作者が使用する日記帳を厳密に構造化しようとするだろう。そして、日記作者に詳細な指示を与え、トレーニングを課し、日記帳が正確に使われるように働きかける。非要請型日記を利用する研究者は、当然ながら、日記の作成過程をコントロールすることはできない。この場合、入手可能でかつ関連情報の含まれている日記を選び出さなければならない。自然主義的研究のために日記の作成を依頼する場合、研究者は日記のつけ方に関与するよい機会をもつことになるが、同時に心配の種も存在する。研究者は、日記作者に対して、自分自身に関する事柄を自分のことばで自由に書くように望むが、一方で、日記作者が本来の課題に取り組めるようガイドラインを与えたいとも考える。

実験法を用いる研究者は、自身の役割を中立で独立した観察者として強調することが多い。研究者は「当該行動を系統的に観察、計測」し、その結果を事実として報告する、というものである(Bowling, 2002)。したがって、その観察や計測の正確さを保証すること、またバイアスを受けないようにすることが重要視される。このアプローチでは、「日記は、〈科学研究者〉が存在しない状況において、正確で科学的な観察の代用物となる」（Elliott, 1977）。研究参加者が、指示された介入の結果を正確に計測、記録しないと、研究は損なわれてしまう（Ross, et al., 2001）。調査法を用いる研究者も正確さには関心を払う。日記作者が記録すべき情報について指示があいまいだったり、日記作者が誤解していたりすると、記録内容に不正確さが入り込む余地が生まれる（McColl, et al., 2001）。

質的アプローチや自然主義アプローチを用いる研究者は、他の研究者にくらべ、研究参加者の記述の信憑性に強い関心を持ち、参加者を尊重し、彼らのつくる社会空間にできるかぎり侵入しないような手法を用いる（Hammersley and Atkinson, 1995）。非要請型日記を使う研究者は、自然主義アプローチを受け入れるのに絶好の位置にいる。一方、日記の作成を要請する研究者は要請そのものが研究対象に影響を及ぼす可能性を考慮しなければならない。

非要請型日記は、ありのままの生活ストーリーを表現した文書としてみなすことができる。このようなストーリーは個人の日常生活の一部分を文章にしたものであるが、研究者が構造化したり、促したりするものではない。

ありのままの生活ストーリーは人為的につくられたものではなく、ただ「本来の場所に」たまたまあっただけである。そこにはあるがままのことが述べられている。そのことばには自然な再現性がある。というのは、書き手がその事実を見ているからである。（「　」は原文のまま。

Plummer, 2001）

日記をつける人は、「常に変化し続ける現在を記録しようと、日々、努力しながら」、そのような自然主義的ドキュメントを綴っている（Plummer, 2001）。日記作成を要請する研究者は、自然なその場の状況に、必然的に立ち入ることになる。そして、要請に頼るすべての研究材料と同じように、日記も研究参加者を「うまく説きつけて」引き出さなければならない。研究者は、どのように日記作成を構造化して利用するかを決める必要がある。そして、研究参加者（多くは日記をつける習慣がない）に日記をつける目的を説明し、研究のために日記をつけるよう説得することが求められる。場合によれば、日記をつけるための手段を提供する必要があるかもしれないし、日記のつけ方に関するガイダンスを行う必要があるかもしれない。

◇実験研究と調査研究のために日記を構造化する◇

実験法や調査法を用いる研究者は、さまざまな方法でデータ収集過程をコントロールすることができる。高度に構造化されたデータ記録法、日記記録システムの使用法に関する詳細な指示、日記継続トレーニング、記録精度の検証方法などである。

記録継続システムを構造化する

すべての日記は、ある程度構造化されているが、それは定期的に日記記事を書くことに関するものである。実験研究や調査研究に使われる日記には、必要なデータが記録されるための明確な構造が必須である。研究課題や仮説が明確で、はっきり定義されていれば、必要なデータのタイプや日記記録システムの適切なデザインを明確に指定することが容易になる。研究プロジェクトに応じて独自の日記構造を開発する必要があり、最適な構造を開発するためにはいくつかの構造案を試すことが欠かせない。だが、こうした日記には共通の特徴も見られる。通常、日記は一連の印刷シートや電子シートの形をとる。各シートには記入日と、必要であれば時刻を記入するための欄があり、必須項目のための回答欄としくみがある。コルティは紙日記を構造化するための有用なガイドラインを提示している。

- 日記の性格にもよるが、五ページから二〇ページ程度のA４判の小冊子が望ましい。
- 日記を付ける期間の長さにもよるが、一週間、一日、二四時間以下という短い時間の単位で一ページになるようにする。各ページの上部には、見出しと日にちを書くための線が引かれている。そして要求されている全情報（回答者が何を、いつ、どこで、誰と行っていたのか。そのとき、考えていたこと、など）を記入するためのスペースが用意されている。

- 専門用語や行動リストは、研究参加者の要求に合致したものにすべきである。必要に応じて、集団別に異なるタイプの日記を用意する。
- 日記の最後に回答者向けの簡単な質問を載せ、日記をつけていた間、ふだんの日常生活と違ったことがいくらかでもあったかどうかを問うことは有益である。回答者が、自分の書いた記事で何か変わったことが含まれていれば、それについて、どんなことでもいいのでコメントや説明を書けるように余白ページを最後に設けるのもよい。これらのコメントは系統的に分析されることはないかもしれないが、編集や解釈の段階で役立つことがある。（Corti, 1993）

パーキンら（Parkin, et al., 2004）は、コルティのガイドラインを使って、（六週間にわたり、六二人の再発寛解型多発性硬化症患者に対して行われた）ベータ・インターフェロン療法の効果研究に合った日記を開発した。その日記帳は、らせん綴じノートの形になっていて、週単位でページの色が異なっていた。このように日記帳は、週と日が明確にわかるようにつくられ、日毎のページには一連の質問が記載されていた。

日記作者は、毎日、日記を書くたびに、つぎの質問に答えるように求められた。その日、リストにある症状のどれが起きたか。もし起きたならば、その症状の程度はどのくらいだったのか、また、その症状によって、やろうとしたことや、やったことがどの程度妨げられたか。（EQ VAS

を使うことで）健康状態がどのくらい回復したか、あるいは悪化したか。症状は以前より良くなったか、悪くなったか、あるいは変わらないか。日記を書くのに助けを必要としたか否か。（Parkin, et al., 2004）

日記作者は、「温度計」のデザインが印刷された「EQ VAS」上に測定値を書き込み、自分の健康状態を評価するように指示されていた〔EQ VASは、EQ Visual Analogue Scale の略語で、EuroQol Group によって作成された主観的健康評価尺度〕。

〔参考〕EQ VASの見本（http://www.euroqol.org/eq-5d/what-is-eq-5d/how-to-use-eq-5d/eq-vas.html）

日記利用に関するガイダンス

複雑な記録システムを用いる研究では、研究参加者がその日記のつけ方を知っているとは考えられないので、参加者である日記作者に、助言やガイダンス、指示を与える必要がある。ここでも、コルティ（Corti, 1993）が、ガイダンスを与える際の有益な指針を示してくれる。彼女によれば、ガイダンスは、さまざまな方法で、各日記の構造に合わせてつくることができるという。

●最初のページに、日記のつけ方に関するわかりやすい指示を載せるようにする。指示の内容として、対象とする出来事が生じたら、できるかぎり早くその出来事を記録することが大切であること、日記をつけることによってその出来事が影響を受けないように心がけること、の二点を強調すべきである。

● つぎのページには、日記の正しい記入例を載せるようにするとよい。

● 日記作者の記憶を呼び起こすために、項目や出来事、行動のチェックリストをどこか目立つ場所におくのがよい。長すぎるリストは回答者を混乱させるおそれがあるので避ける。生活時間調査型日記の場合には、想定される限りの行動を記号と一緒にリスト化しておかなければならない。一つ以上の活動、つまり主活動、副次的活動（あるいは平行活動）を記入する場合、その「競合している」複数の活動をどう書けばいいのかを説明しておく必要がある。

● 「セッション」や「出来事」、「固定時間ブロック」のような観察単位の意味について説明すべきである。回答者が自分の活動にラベルをつけることができ、それを、あとでカテゴリー化するようになっている場合は、それにどんな行動を含め、何を除くか、および要求される記述レベルについて、厳密なガイドラインを与えることが重要である。固定時間ブロックのない時間調査型日記では、活動の開始時刻と終了時刻の記入欄が必要になる。（Corti, 1993）

コクソン（Coxon, 1996）は、性にかかわる日記の利用に関する報告書のなかで、彼の研究班が日記作者に行ったガイダンスの詳細にふれている。その日記では自由に書いてよいことになっていた。あらかじめ、日記作者たちの性行動の相手の人数や性交頻度、性質を指定できなかったからである。この日記の基本構造は単純である。すなわち、一週間あたり一枚のシートが四枚あり、それぞれに七個（七日分）の自由記述欄が用意されていた（Coxon, 1996）。日記作者が適切な書式で日記を書けるように、記入方法に関する詳細なガイダンスと指示を行った。日記の各シートには、ガイダンスの要約が書かれていた。

各セッション（一回の性行動）にはつぎの項目を含めるようにしてください。
・時刻、場所、相手との関係（リストから選ぶ）。
・つぎに、自分のことばで、そのセッションのようすを書いてください。
「オルガスムに達する」（射精）までに起きたことを正確に書いてください。コンドームの使用についても毎回ふれてください。
セックスの際、あなたが使ったもの（潤滑剤、ドラッグ、大人のオモチャなど）
セックスした日に、あなたが飲んだアルコール量
記入欄が足りないときは裏面に続けるか、ページを追加してください（その際、日時と曜日を忘れずに書くように）。（太字は原文どおり。Coxon, 1996）

日記には、この日記をどう使うべきか、細かなすべての指示も盛り込まれていた。そうした指示の大半は、日記が各セッションの正確な記録となるためのものであり、そのときのようすや性行動の詳細な記録方法だった。正直かつ正確に書くことの重要性を強調した全般的ガイダンスも含まれていた。

この性日記を書き始める前に、以下の注意書きをよく読んでください。

日記のなかに、あなたの性行動すべてを詳細に記録するようにしてください。

その行動が発生したら、できるかぎり早く、できれば発生したその日に記入してください。**日記をつけるときには、うそ偽りなく正直になってください**。そうでなければ、記入する意味はありません。たとえば、セックスしていないにもかかわらず、したかのように書くことはしないでください。あるいは、コンドームを使用しなかったにもかかわらず、使ったと書かないようにしてください。われわれにとって、ほとんど書かれていない日記も、たくさん書かれた日記も同様に重要なのです。

できるかぎり、わかりやすく書いてください。記入欄に書ききれない場合は、シート裏面か別シートに続きを書いてください。その場合、そこにも発生した日付を必ず記入してください

休日のときなど、いつもの性行動と違うと思うことがあるかもしれませんが、そのような場合でも日記をつけてください。すべて重要な情報なのです。

日記をつけたくないと思ったときや一ヵ月分すべて書くことができないと思ったときは、日記の冒頭にある簡単な質問票と、それまでに書いた分の日記を戻してください。

われわれは主に男性とのセックスに関心をもっていますが、研究期間内に女性と行ったセックスもすべて記録するようにしてください。（太字と「　」は原文のまま。Coxon, 1996）

日記を正確に書くためのトレーニングと、その正確さの確認

日記を構造化することや記入要領を文字で説明することは、日記作者に働きかける方法として、やや事務的なきらいがある。実は、もっと個人なアプローチで補足することができる。つまり、トレーニングと、初日の日記記事へのフィードバックである。

トレーニングでは、ふつう日記作者（たち）と対面で会うセッションを設ける。そこでは、研究代表者が研究目的、日記をつけることの意義、日記のつけ方を説明し、質問に答える。パーキンら（Parkin, et al., 2004）は、再発寛解型多発性硬化症患者のベータ・インターフェロン療法中にトレーニング・セッションを組み入れた。研究参加者が最初の質問紙に回答した数日後に、研究班のメンバーが彼らを訪問し、記入方法の見本を示した（Parkin, et al., 2004）。このようなトレーニングはおそらく非常に効果的と思われるが、その分、手間もかかる。看護師とリスク管理に関するわれわれの日記研究（Alaszewski, et al., 2000）では、現地までの所要時間、簡単なインタビュー、それに日記の記入方法

に関するガイダンスで、初回訪問のまる一日を要した。

研究者は、問題点を早く確認できるように、日記作者と接触を保ちながらフィードバックを得ることが重要である。また、日記作者が正式な研究期間に入る前に、練習目的で数日間、日記記入を試験的に行うことも有益である。その結果から問題点を発見して、ガイダンスを追加することもできる。ハイランドら（Hyland, et al., 1993）は、日記は、誤りが正当な許容範囲内であれば、重要なデータ源になりうると指摘する。彼らの検討結果を見ると、しばしば日記内容が貧弱である。しかしながら、彼らによれば、記録がおざなりであったことで日記作者を非難するのではなく、自分たちの期待が理不尽だったかもしれないこと、すべての人間がそうであるように、日記作者ももの忘れしやすいことを認識することが重要である、という。人間のもの忘れや誤りを前提に研究方法を設計すること、および、タイミングを逸した場合にどうすればよいかの指示を患者に与えることの方が確かに理にかなったやり方である。こうした指示に加え、電子的に時間が記録される日記が、日記記録の質を保証するうえでより効果的な方法となる（Hyland, et al., 1993）。

コメント

実験や調査に日記を使う研究者は、記録データの精度に関心がある。データの質を高めるための戦略はさまざまに存在する。まず、日記帳を作者にとってわかりやすい設計にすることがあげられる。

それらの日記には、どのように情報を記録すべきかを説明した簡潔で要領を得た指示が含まれる。もし、必要なデータのタイプがあらかじめ明確に指定できるのであれば、研究者はデータの収集単位（それが一日であろうと、特定の出来事であろうと）が、どのように構造化できるか、考えなければならない（具体的には、質問紙で使われるものを参考に、選択肢型の質問を用意することになろう）。

確認ボックス4・1　実験研究や調査研究に使う日記を設計するときに考慮すべき重要項目

日記の構造

・どのような種類のデータを収集したいのか。
・そのデータは構造化された方法で収集が可能か。
・そうならば、日記設計のガイドとして参考になる他の研究はないか。
・もし独自の構造化された方法を設計するのであれば、それをどのようにして試すのか。
・もし構造化された方法を用いるのであれば、それと自由記述欄のバランスをどうするか。

指示の仕方

・日記の書き方や書き忘れ、日記の返却方法、研究者への連絡方法について、日記の冒頭で、どんな全体的指示を与えればよいか。
・構造化データの回答方法や自由記述に関する指示を各シート上でどう指示すればよいか。
・それらの指示が対象母集団にとって十分な内容になっていることをどのようにして確認するか。

日記作者との接触

・どのような方法で、日記帳を日記作者に渡すか。
・トレーニングをいつ、どこで行うか。
・日記作者の質問に答える方法ができているか。
・連絡先電話番号やEメールアドレスといったいつでも連絡の取れるサポート窓口を用意しているか。

データの質を検証する

・データは確認できるようになっているか。
・早い段階で記事の見本を確認することはできるか。
・どのような種類のフィードバックを与えられそうか。

◇自然主義研究と日記◇

自然主義研究者は、（研究活動による影響を受けない）社会的リアリティに関する知識を確かめることに関心がある。本章の第一節で述べたように、非要請型日記はこの理想に最も近い。しかしながら、日記をつけることや日記が後世まで残ること自体がもつ影響を考慮すると、良質な非要請型日記は、日記をつけることが日常習慣となっている人びと、すなわち、歴史上の教養あるエリートたちによるものが多いであろう。非要請型日記を用いる研究者は、その日記のタイプを変えられないので、自分の研究目的に合致した日記を選ばなければならない。マクファーレンは「遠い昔に生きた人びとの精神生活」（MacFarlane, 1970）の手がかりを得たいと考え、（エセックス州の教司付司祭だった）ラルフ・ジョスランが一六四四年から死亡直前の一六八三年まで書き続けた、とても詳細な日記を理想的なソースとして選んだ。

要請型日記を用いる際の問題

要請型日記を用いる研究者はちょっとしたジレンマに直面する。彼らは、日記作者自身が、関連があり重要であると思ったことを日記に記録してほしいと願っている。したがって、その日記は「回答者が自分のことばで活動や出来事を記録できるような自由形式」（Corti, 1993）になりがちである。同時に、研究者は、日記作者のある特定の経験に関心があるかもしれない。たとえば、メス（Meth, 2003）は、南アフリカの女性たちの経験を把握するために日記法を使った。彼女は日常の出来事全般に関心をもっていたが、主要な関心は、暴力的社会のなかで女性たちがどんな暴力を受けているかにあった。そこで、彼女は日記作者に、暴力の問題に焦点を合わせてほしいと思った。

わたしは女性たちに、自分たちが「恐怖や犯罪、暴力に関連して」必要だと思うことを書くよ

うに促した。（「　」は引用者、Meth, 2003）

全体的記録か個別的記録かという、このジレンマは、ほとんどの自然主義的研究に存在するが、それをうまく処理する方法はある。たとえば、研究参加者の観察に頼る研究者は、彼らとのあいだに信用と信頼を築くための時間と機会を与えられているので、参加者自身の見方に関与できる。面接を用いる研究者は、自分が興味のある分野や問題に沿った会話をするための社会スキルを用いて、被面接者との関係を発展させることができる（Hammersley and Atkinson, 1995）。日記研究の場合、緊密な関係を築くことも、研究者の関心分野に日記作者を促すことも難しい。実際、日記をいつ、どこで、どのように書くかは日記作者に委ねられているし、作者がその決定を行う場面に研究者がい合わせるわけでもない。しかしながら、研究目的に関連する問題に日記作者を誘導するようなアプローチがないわけではない。たとえば、日記帳自体を使いやすいものにする、対面で説明を行う、非公式メモを渡す、といった方法である。また、日記-面接法の一部として、インタビューと平行して日記を用いる方法もある。

日記

実験研究や調査研究に用いられる日記は、研究目的に合わせて設計され、それに沿って特別に作成されることになる。対照的に、自然主義研究に日記を用いる研究者は、日記をつける過程がふだんと変わらないこと、そして作者が日記にどこまで自分自身を表現しているか、を重要視したいと考える。したがって、市販の罫線入り日記帳を利用するか、単純なごくふつうの日記帳を使うことになろう。たとえば、われわれが実施した地域巡回看護師が日常の実践でどのようにリスク管理を行っているかに関する研究（Alaszewski, et al. 2000）では、一ページあたり二五本の罫線の入った一〇〇ページのリング綴じノート（22.5 cm × 17.5 cm）を文具店で購入した。巻頭ページにガイダンスを挟み込むぐらいで、ほかは手を加えなかった。われわれは、日記作者が自分自身のやり方で書いてほしいと思ったからである。一般に日記作者は、一日あたり一、二ページを使い、二〇ページまで記入していた。

エリオット（Elliott, 1997）は、筋骨格関係の問題を感じている八人の患者の援助要請行動に関する研究で、やや定型的な記入用紙を準備した。その最初のページには、「健康日記」というタイトルが書かれ、いつ誰が記入したかを書く項目があり、一日分のシートが切り離せるようになっていた（図4・1）。

研究参加者との接触

自然主義研究においては、研究者と研究参加者との関係が大事になるが、このことを考えると、参加予定者に会って会話する機会を設けることが重要になる。その際、研究目的の概要や日記帳の使い方を説明するとともに、参加者が懸念を表明したり、質問したりする機会を与えることが大切である。メス（Meth, 2003）と共同研究者は、南アフリカの女性の暴力経験に関する研究で、女性たちにま

健康日記　第1週　7日目

1　今日のあなたの具合はいかがですか？
（今日の具合にもっとも近い箇所にマークしてください）

|________________|________________|

まったくだめ　　　　まあまあ　　　　とてもよい

2　今日あなたが気づいた健康問題について教えてください。どんな些細なことでもかまいません。日記を書く際，以下の項目について考えてください。

・健康問題が日常生活に影響しているか。
・気分をよくするために行ったこと。たとえば，ベッドで休むなど。
・健康問題についてあなたが話した相手。または，あなたにアドバイスやサポートをくれた人。たとえば，家族や友人。医者や看護師や薬剤師といった医療専門家。または漢方医や整骨医のような代替治療家。
・あなたの健康問題の原因になっていそうなこと。
・今日，あなたの体調をよくしたり，悪くしたりした出来事。たとえば，仕事で大変だったこと，特別な出来事，友人との会話など。

記入日…………………　　　曜日…………………
［自由記述欄］

図 4.1　エリオットの用いた健康日記の書式（Elliott, 1997）

ずフォーカスグループに参加するよう求めた。そして、その集団面接の最後に、日記研究に参加するよう要請し、日記のつけ方を説明した。さらに、「ページが足りなくなった場合や指定日に日記を返却できなくなった場合、何を書けばいいかわからない場合」といった実際的問題に関する質疑応答がなされた（Meth, 2003）。

メスは、日記作者との関係づくりのための最初の説明会に力を注いだが、日記作者に会って、サポートとガイダンスを与える機会を設けることは可能である。巡回看護師のリスク管理方法に関するわれわれの研究（Alaszewski, et al. 2000）では、最初の簡単な面接を利用して日記の目的を説明し、最初のガイダンスを含む機会を設けた。そして、日記作者が最初の日記記事を書き終えた時点で、われわれが訪問して、その記事を確認し、必要なガイダンスを行ったり、質問に答えたりする予定を決めた。

文書によるガイダンス

研究者は日記作者に文書でガイダンスを行うことも可能である。このようなガイダンスでは、日記作者が自分自身のことばで研究者の関心に沿ったことを書く気になるよう、あまり細かく指示しないことが肝要である。再び、われわれの研究（Alaszewski, et al. 2000）の例を引くと、予備研究の段階で参加者は、リスクを因果関係に結びつけて記述する傾向にあることが確認された。そこで、われわれは、日記帳の表紙裏につけたガイダンスのなかにつぎの文章を入れて、より広範囲の行動や意思決定について記録するよう日記作者に促した。

この段階では、ナース・プラクティショナー〔大学院で専門教育を受けた、問診や検査の依頼、処方が認められた看護師〕の皆さんにつぎのことをお願いします。

ⅰ　通常の勤務時間における看護活動を記述する。

ⅱ　患者に関連して行った二、三の意思決定にしぼる。

ⅲ　意思決定への参加に際して、トレーニングが役立ったかどうかを考察する。もし役立たなかったのであれば、どんなトレーニングを追加すれば役立ちそうか考察する。

上記について、一勤務時間あたり、一〇〇語から一五〇語で書いてください。

エリオット（Elliott, 1997）は、日記作者に対し、日記帳の使用法に関するかなり詳しいガイドラインを与えた（**図4・2**）。

こうしたガイドラインは記入の助けになることを意図しているものの、日記作者はそれを強制的で面倒と思うかもしれない。もう一つのアプローチは、研究者のねらいを理解してもらえるように、日記作者に見本を示すことである。われわれは、脳卒中の生存患者が発作にどう対応したか、また、発作後の生活のようすを知るために行った研究（Alaszewski and Alaszewski, 2005）に日記を用い、生存患者の回復過程を明らかにした。われわれは、日記のねらいと目的に関するガイダンスとともに、予備研究で得られた日記の見本を示した。

1．あなたが、その日をどう過ごしたか、手短かに説明してください。

ジョーンズ氏の記入例

［四月七日（月）］

風は冷たいが、よく晴れている。妻は何かの会計処理をするためにマリー・ルイーズのところへ行った。妻が出かけているときに、電動車椅子に乗って奴がやってきた。彼の車椅子はバッテリーが新しいだけでなく、すごく頑丈そうなヤツだった。妻が車をひとっぱしりさせて、コテージまで連れていってくれた。娘が来て、その晩は泊まった。気分が上向きつつある。

ネビル氏の記入例

［二〇〇三年二月一一日（火）］

四時五〇分、目覚める。五時〇〇分、BBCのワールド・ニュースを聞く。五時四〇分、ラジ

日記の記入方法

私たちの研究に参加いただき，ありがとうございます。日記を書く際，留意していただきたいポイントを以下にかかげます。

- 私たちはあなたの健康問題すべてに関心があります。関節炎やリューマチに関係することだけではありません。
- これは「あなた」の日記であることを忘れないでください。私たちは，あなたの健康について，また健康サービスや他のケアを利用したあなたの経験について，できる限り多く知りたいと思っています。ですから，あなた自身について，できる限り多くのことを教えてください。たとえそれが些細と思われることでもかまいません。たとえば，かかりつけ医師の予約を取ったけれどもキャンセルしなければならなかったとか，気分がすぐれなかったけれども何も手当てしなかったとか，重い風邪を自分で治そうとしてホットウィスキーを飲んでベッドにもぐりこんだとか——これらすべてを私たちは知りたいのです。何かを書こうか書くまいか迷ったときは，どうか書くようにしてください。情報は少なすぎるよりも多すぎる方がはるかにいいのです。
- 綴りや文法，「最高の」筆跡を気にする必要はありません。ただしペンを使って，できるだけわかりやすく書くことを心がけてください。
- 日記は「毎晩」書くようにしてください。その当日に書けなかった場合は翌日，書いてください。でも，それ以上延ばすことはやめてください——たとえば，月曜日の分を水曜日に書くようなことはしないでください。
- 何日か記入していなかったことに気づいたときでも，その週の日記を書くことをあきらめないでください。その日から再開してください。残りのページは空白のままで結構です。
- 新しいページに書く際は，その都度，指定欄に日付と曜日を記入してください。
- この健康日記についてなにか質問がある場合は，0161 XXX XXXX のヘザー・エリオットまでお電話ください。折り返し電話いたします。電話代はかかりません。

図 4.2　エリオットの健康日記のガイドライン（Elliott, 1997）

オを消す。小鳥のさえずりを聞く、夜明けのコーラスだ。六時四〇分、ベッドから出る。ティートレーを用意する。エアロバイクを二〇〇回漕ぐ。テレビのニュースを見ながら、朝のお茶を飲む。

2．今日はどんな気分でしたか。あなたを特に満足させたものやうんざりさせたものは何ですか。今日は良い一日でしたか、それとも悪い一日でしたか。

ジョーンズ氏の記入例

今日はまずまずの気分だった、車椅子も戻ってきたし。ちょうど、娘が戻ってきたので、また外出することができた。

チャールズ氏の記入例

午後、台所の換気扇フィルターを交換した。これは意義のあることなんだ。頭と手の両方を使うからね。

3．誰か専門家（療法士や看護師など）と話す機会はありましたか。あるいは、脳卒中に関する情報に接しましたか（たとえば、テレビや新聞で）。そうした会話や情報についてどう感じましたか。有益でしたか、そうではなかったですか、それはどうしてですか。

ジョーンズ氏の記入例

早起きして、健康センターに行き、言語治療士のジョアンを待った。筆記能力と電話での会話能力をどうしたら改善できるかについて話し合った。

今日の最重要ポイント――健康センターに行き、ジョアンに会うこと。彼女はいろいろ良いアイデアをもっていて、わたしの回復を助けてくれる。

ジョーンズ氏の記入例

重要ポイント――紙に書かれたいくつかの重要事項を、わたしが大きな声で読むのを妻が聞いてくれた。会話能力を回復させるために、ジョアン（健康センターの言語治療士）の提案してくれたことが納得できた。

日記-面接法

日記-面接法（Zimmerman and Wieder, 1977）は、日記と面接を結びつけた日記研究のためのしくみとなっている。このアプローチは三つの要素から構成される。つまり、事前面接、研究用日記、事後面接の三つである。事前面接では、研究参加者に、日記の書き方を説明し、質疑応答の機会を与える。参加者は指定された期間、日記をつけ、指定された期日に日記を研究班に戻す。研究班はその日記を分析し、その結果を事後面接の基礎資料として利用する。ジンマーマンとウィーダーは、直接観察することのできない行動や状況に関するデータを得るために、研究参加者による観察の代替策として、このアプローチを開発した。彼らは、七日間詳細な日記をつけることのできる関係者を募集し、各日記作者に面接を行った。この面接で、各作者は、

その報告記事について詳しく語るように求められただけでなく、記録した出来事の、書かれていないことがらについて質問を受けた。さらに、その意味（meaning）や妥当性（propriety）、典型性（typicality）、他の出来事との関連についても質問を受けた。（Zimmerman and Wieder, 1977）

エリオット（Elliott, 1997）もこのアプローチを用いた。彼女は研究参加者との密接な関係を維持し、少なくとも三回、参加者を訪問した。一回目は簡単な説明とともに日記を渡した。二回目は最初の分の日記を回収した（この訪問は、日記に関する最初の「会話」を行う機会となった）。三回目すなわち最終訪問では詳細面接を行った（Elliott, 1977）。エリオットは、会話を併用して、インタビューで確認されたテーマを掘り下げた。参加者は、面接のなかで、健康関連の行為だけでなく、行わなかった行為や行うつもりのなかった行為も明らかにした。たとえば、D氏は、脚に強い痛みがあったにもかかわらず、そのことを妻には話さなかったと日記に記している。エリオット（Elliott, 1997）は、こうした行為を説明する際の追跡面接の価値に注目し、日記-面接法の採用によって日記作者を研究に引き込む

方法を重用した。彼女は、インタビューのなかで、何人かの日記作者が自分の日記を参照し、「備忘録」として利用しているようすを目にした。それゆえ、そのインタビューは、

主としてインフォーマントによって書き記された文章をベースにしたものであり、その人の経験を記述するためにインフォーマント自身の表現が繰り返し用いられた（インタビュー項目や質問紙、学術用語といった研究者側の文章にもとづいたものではなかった）。研究者とインフォーマントは状況説明の共同作業者であり、ともに研究過程を担う存在だった。（Elliott, 1997）

コメント

自然主義アプローチに立つ研究者は、自分たちが検証、理解しようとしている社会的リアリティに、研究過程がもたらす混乱や歪みを最小化したいと考えている。非要請型日記を利用する研究者は、そのような混乱や歪みとは無縁であると主張できるかもしれないが、これらの日記の産出や保存、保管にかかわる問題に対処しなければならない。研究過程の一部として日記を必要とする研究者は、研究に参加する人びとの行動を変えるかもしれない。日記をつけることは一般的な習慣ではなく、それゆえ、日記研究に参加する人の大半は、ふだん日記を書いていないだろう。研究者は、ふつう干渉を最小化して、自由に書かれた気ままな日記になることを願っている。その目的は、日記帳の

使い方に関する日記作者の自由度を高めることにある。研究者は、日記作者の表現の自由を制限するような細かな指示を避けようとするだろう。その代わり、研究者は日記作者との関係を発展させることによって（日記の記録前に始まり、研究期間中に行われるさまざまな接触機会を通じて）、日記作成過程に影響を及ぼそうとする。つまり、サンプル記事を見るための訪問や最初の日記記事を回収するための訪問から、日記-面接法にデブリーフィング面接〔本来の研究目的を研究終了後、研究参加者に明かすこと〕が組み込まれた最終訪問で終わる。

確認ボックス4・2　自然主義研究用の日記を設計する際に考慮すべき重要項目

日記の形式

・その日記は構造的要素を含むものが望ましいか。それとも、自由記述を基本とするものが望ましいか。

・自由記述形式の場合、既製または市販されている日記帳で間に合うか。

・日記を研究目的に合わせて特別に設計する必要がある場合、背景情報の記入欄をどこに、どのように配置するか。また、構造的要素と自由記述要素のバランスをどのようにするか。

ガイダンス

・日記帳の書き方に関するガイダンスが日記作者に確実に理解されるようにするにはどのように書けばよいか。

・研究上の問題関心と日記作者の表現意欲とのバランスは、どのようなガイダンスによって可能になるか。

・ガイダンスが対象集団に理解可能なものかをどうすれば確認できるか。
・日記帳の記入例を日記作者に示すことは可能か。

日記作者との接触

・日記作者との関係を発展させる機会にはどんなものがあるか。たとえば、簡単な説明会、日記の配布・回収のための会合、デブリフィーング面接。
・研究目的や日記作成の実際的な事柄の相互理解を促すような互いの尊重にもとづく協力関係を築くことができるか。

記入記事の性質をチェックする

・早い段階で記入記事のサンプルをチェックすることは可能か。
・どのようなフィードバックを与えることができるか。

◇まとめとコメント◇

日記の形式と日記作成にかかわるガイダンスは研究目的を反映している。実験研究や調査研究に携わる研究者は、データの正確な記録に関心をもっている。日記作者は研究者代行であり、研究者の決めたことを代わりに行い、その基準に沿って記録する。したがって、このアプローチでは、データ収集ツールとして日記を構造化し、日記の使い方に関する細かい指示を与え、収集データの精度をチェックすることに重点がおかれる。

対照的に、自然主義研究者は、研究行為が自然な社会状況に影響を与え、邪魔になることを最小化しようと腐心する。非要請型日記を利用する研究者であれば、この理想は達成できるだろう。彼らは、日記作者の日記をつける行為に影響を及ぼさない。しかし、入手した日記が研究ニーズにどこまで合致しているかを判断しなければならない。日記作成を参加者に要請する研究ではバランスが重要である。研究者は、一方で、自分の関心問題やトピックに日記作者を誘導したいと思い、他方で、作者にとって書きやすい仕組みにしたいと思っている。この願望は、さまざまな方法で実現できる。以下が、その具体的方法である。日記帳を、文房具店で売られている練習帳のような、ありふれた簡単なものにする。ガイダンスは、簡素で臨機応変なものにする。日記作者とのいい関係を築く。日記－面接法は、このような関係を構築する機会、そして日記と詳細面接を結びつける機会となる。

◇重要ポイント◇

実験研究と調査研究における日記

・目的……正確でバイアスのないデータを捕捉する。

・日記……構造化されたデータ入力をできるかぎり用い、定型化する。
・指示……対象者にとって詳細でわかりやすい。
・日記作者との関係……研究者の代行者である。

非要請型日記

・目的……研究目的に合致した情報をもたらしてくれる日記を探す。
・日記……日記作者が書いたままの状態で、かつ手が加えられていない。
・指示……該当しない。
・日記作者との関係……研究者は日記作者によって書かれた文書の利用者である。

自然主義研究における日記

・目的……研究過程が自然な社会状況にもたらす歪みをできる限り小さくする。
・日記……定型記入欄を最小限にし、日記作者が自身を表現しやすくする。
・指示……簡単で親身な自由なガイダンス。
・日記作者との関係……日記作者が研究過程の対等なパートナーとして遇される相互尊重の関係。

◎ 演習問題 ◎

最初に、日記を使ってデータや情報にアクセスしようとする三つの研究事例を紹介する。もし演習をすべて行いたいのであれば、各研究事例を順番に取り上げ、つぎに用意した質問に答える。それが済んだら、そのつぎの課題に進む。読者のみなさんが、日記を自分の研究プロジェクトに利用しようと考えているのであれば、ここに示した研究事例を自分のプロジェクトに置き換えてみたいと思うかもしれない。

三つの研究事例

研究I　実験研究

ある慈善トラストが十代女性の妊娠に関する研究に資金提供を行っている。同トラストでは、妊娠を減らすための二つの介入策が性行動に及ぼす影響を評価したいと考えている。その介入策とは、仲間集団内に禁欲群を設けることと、無料コンドームの配布サービス付き性教育の実施である。これまでに合意の得られている研究手続きは、若い男女（一七歳）を三〇名ずつ募集することと、彼らを無作為に三群に割り振ることである。つまり、禁欲群、性教育群、対照群の三つである。日記には、各群二週間ずつ三回にわたって六ヵ月間性行動を記録してもらい、それによって実験の効果が評価される。

研究Ⅱ　社会調査

地域保健機関である保健所が若者向けサービスを始めたいと考えている。同保健所は、若い男女（一七歳）各三〇〇人の性行動に関する基礎調査を実施したいと考えている。調査目的は、妊娠のリスクを小さくするための施策を検討するために、仲間集団関係と他の社会環境、アルコールやタバコ、向精神薬の消費、その他のさまざまな指標（保健所のサービスを含む）との関連を検証することである。

研究Ⅲ　自然主義的研究

賃金労働女性の経験に関して、日記ベースの研究を実施したいと考えている女性グループからアドバイスを求められているとしよう。その女性グループは、とりわけ職場での緊張、および家庭環境と職場環境間に存在する緊張に関心をもっている。このグループは、労働経験をもつさまざまな年齢の女性で、日記をつけてくれる人五〇名を募集している。

各研究に対する質問

1　日記のデザインと構造

（a）研究用日記を設計する際に考慮すべき重要事項は何か。
（b）日記には表紙が必要か。もし必要ならば、その表紙に書いてほしい情報は何か、またどのように書いてもらうか。表紙見本を考えよ。
（c）一ページがカバーする期間はどれくらいか。一週間、一週間のある一日もしくは二四時間か。その期間を選んだ理由を説明せよ。
（d）日記の各ページの書式はどうあるべきか。一ページの見本を考えよ。その際、必要に応じて、見出し、項目記入欄、自由記入欄を含めること。いくつかの書式の利点と欠点を論じたうえで、採用することにした書式の正当性を説明せよ。

2　ガイダンス

（a）日記作者に日記帳の使い方に関するガイダンスを行う際、どんな形式や伝達手段が使えるか。たとえば、言語コミュニケーション、電子文書、日記帳のなか別紙に印刷されたもの、日記帳の各ページに印刷された文章。それぞれの利点と欠点を考察せよ。

（b）日記作者へのガイダンス実施方法を選定し、その理由を説明せよ。
（c）そのガイダンスを簡単に例示し、その正当性を説明せよ。

3 日記作者との接触

（a）なぜ、また、どのようにして日記作者との接触を続けるのか。また、その目的は何か。
（b）日記作者との接触を続けるための方策を選定し、その理由を説明せよ。
（c）接触を続けるための行動計画を作成せよ。

4 フィードバックと照合

（a）どのようにして日記作者のフィードバックを得るか。また、日記記事の正確性を照合する必要はあるか。
（b）フィードバックを得るための方策を選定し、その理由を説明せよ。また、必要ならば、日記記事の正確性を照合確認し、その正当性を説明せよ。
（c）フィードバックを得るための手順を作り、必要ならば、日記記事の正確性をチェックする手順も作り、その正当性を説明せよ。

5　他の情報源

（a）もっぱら日記に頼るのか。それとも、記録や観察、質問紙、インタビューのような、データにアクセスしうる別の方法を利用するか。

（b）他の情報源を利用すると決めたとき、その二つの情報源をどのように結びつけるのか。

6　倫理的問題

（a）その研究はどんな倫理的問題を提起するか。

（b）研究に対する倫理上の承認をどのようにして得るか。

最終問題

7　類似点

各研究のために設計した日記帳間の類似点は何か。そうした類似点が見られた理由は何か。

8　相違点

各研究のために設計した日記帳間の相違点は何か。そうした相違点が見られた理由は何か。

第5章

日記を分析する

——数値、内容、構造

日記がもっとも信頼できる証拠をもたらすという意見には頷けない。日記のなかには、私が思うに、常に対話者が存在する。すなわち私自身という、最悪の対話者が。（William Ewart Gladstone, 1896）

本章のねらい

・日記の分析に適したさまざまな方法を考察する。

本章の目的

・構造化日記で得られるデータを分析する統計技法の利用方法について検証する。
・日記テキストの内容を分析する方法について検証する。
・日記テキストの構造を分析する方法について検証する。

◇日記分析へのアプローチ◇

構造化日記と数値化

研究者が分析作業にどのように取り組むかは，研究目的および日記に書かれた記事の性質に依存する。実験法や調査法を用いる研究者は，一般に推論や理論の検証に関心がある。彼らは，日記に記録されたデータを，社会的リアリティの特別な現れ方をしたものと見るであろうし，データ内部のパターンを調べ，理解することに興味をもつであろう。こうしたパターンは，データが数値で表現されるときにもっとも簡単に確認できるため，実験研究や調査研究に用いられる日記は，コーディング，すなわち日記に含まれる情報を数値に変換する作業がやりやすいように構造化しておくべきである（Moser and Kalton, 1971）。各事例のデータはカテゴリーや変数に整理され，各事例の各変数に対応したデータは数値化される。こうして，統計手法による分析が可能なデータセットが生まれる。分析の目的は，変数間の関係を確認し，そうした関係が偶然の産物ではないことを示すことである。

実験研究も調査研究も，変数間の関係を解明しようとする。実験研究の目的は仮説検証にあり，研究の焦点は，特定の変数群（介入を表す変数と，その介入の結果や影響を測る変数）間の関係にある。たとえば、喘息患者に対する新しい治療法の効果を評価しようとする実験データでは、実験参加者が対照群に属しているのか、それとも実験群に属しているのかを示す変数があり、さらに患者への影響を評価する変数もあるだろう。ある研究では、活動制限や症状、情緒機能、環境刺激との接触などを評価する三二の変数で影響が測定された（Fitzpatrick, et al., 2001）。あらかじめ決められた特定範囲内の変数しか考慮しない実験研究の場合、変数間の関係、すなわち原因と結果の関係について、確実な推論を行うことができるようになる。それとは対照的に、調査研究は制限が少なく範囲が広い。通常、調査研究は、一つの仮説を検証するのではなく、母集団の特徴を確認しようとする。モザーとカールトンは、調査研究の主要な二つの目的をつぎのように述べている。

（a）第一の目的は、母集団のパラメーター〈特質〉を「推定する」ことである。たとえば、大学生の平均年齢、ある工場で残業している労働者の割合などである。

（b）第二の目的は、母集団に関する「統計仮説を検証する」ことであろう。たとえば、ある町のテレビ所有率は八〇パーセント以上である。（「　」は原文のまま。Moser and Kalton, 1971）

調査研究者は、一般にさまざまな変数に関心があり、データ分析時に新たな変数が現れる可能性を否定しないであろう。広範囲の変数が考慮の対象となることから、調査研究では、変数間の関係、つまり原因と結果について確実な推定を行うことがしばしば困難になる（Bolger, et al., 2003）。

テーマを確認する――内容分析とグラウンデッドセオリー

自然主義アプローチで日記に迫る研究者は質的データに関心があり、一定の構造をもたない、テキスト形式の日記を用いることが多い。音声・映像日記の場合、研究者はその音声・映像記録を文字化し、テキスト化しなければならない。こうして作られたテキストは、実験研究や調査研究で用いられる日記のような固有の構造をもっていない。したがって、研究者は、そのテキストの適切な処理方法を決めなければならない。テキストは、そのテキストの外界にある社会的リアリティの特徴を反映するものとして扱われる。もう一つのアプローチは、テキスト自体を最終的なものとみなすことである。つまり、テキストの形成と形式を支える社会過程の産物である社会的リアリティの一形式として、また、その過程に関する情報をもたらす社会的リアリティの一形式として、日記テキストを扱うことである。

第一のアプローチは、ある種の内容分析を含む（Brewer, 2003b）。「内容分析」という用語は、テキスト分析全般を包含することばとして用いられるが、ここでは、より限定的な意味で用いる。すなわち、テキスト内に含まれている情報を探るという意味で用いる。テキストは、それが特定の出来事や活動、関係の記述であれ、日記作者の感情や反応であれ、テキストの外側にあるリアリティを探る手段として利用できる。内容分析では、日記のような大量の文字テキストを取り上げ、それを構成要素に分割し、次にそれらの要素を科学的な手法で新たなテキストに組み直す。この作業の出発点は、テキストの構成単位を識別することである。研究者が明確な目標をもっている場合は、テキストを仔細に調べて関連する特徴を確認することができる。フランゾーニは、この過程をつぎのように述べている。

内容分析において、研究者が興味をもつテキストの特徴は、「コーディングカテゴリー」（コーディングカテゴリーの全体は「コード体系」と呼ばれる）として形式化される。コード体系は一律の標準化された情報を抽出するために適用される……コード体系は、回答者サンプルに対してではなく、テキスト・サンプルに対して与えられる調査票のような働きをする。コーダーと面接者の役割はとてもよく似ている。どちらも、単純に引き写すだけの存在ではない。内容分析では、コーダーはテキストを解釈し、そこから「データ」をつくり出す過程で重要な役割をはたす。（Franzoni, 2004）

内容分析によって、テキストは数値的な要約〔平均値や頻度などの基本統計量〕の可能なデータとなるが、つぎのことを認識しなければならない。すなわち、研究の目的が仮説の生成にあり、仮説の検証ではない場合、数値は、ある特定の変数の値というよりも、データ内の一般的傾向を示すものになる。たとえば、それらの数値は、ある日記で確認された特徴がその日記固有のものなのか、あるいは、他の日記にもあてはまる特徴なのか、もしそうならばそうした特徴をもつ日記はどのくらいあるのかを示すのに使うことができる。

研究の開始時点で、研究者が関心の対象について明確な概念をもっていない場合、カテゴリーや全体的体系は、テキストを調べたり比較したりする過程でつくられていく。このようなアプローチはグラウンデッドセオリーの一部として定式化されてきた。そこでは、研究者はコーディングカテゴリーを絶えざる比較過程を通じて発展させる（Charmaz, 2003）。

> グラウンデッドセオリーはどのように進められるか。分析は早くから始まる。グラウンデッドセオリーに立つわれわれは、データを集めながら適宜コーディングしていく。コーディングを通じて、データを定義し、カテゴリー化し始めるのである。グラウンデッドセオリーのコーディングにおいて、われわれは、データを注意深く観察しながらコードをつくる。思いつきの概念をデータにあてはめるようなことはしないし、またそうしてはならない。コーディング中は、データと相互作用をし、質問を投げかけることが欠かせない。コーディングを通じて新たな視点が得られ、データ収集に集中できる。そして、思ってもみなかった方向へ導いてくれるだろう。「事前に考えられ」標準化されたコードに合ったデータが要求される量的研究と違い、グラウンデッドセオリーでは、研究者のデータ解釈が、そのとき突然、コードとして現れるのである。
>
> (Charmaz,2003)

テキストの構造分析――会話分析とナラティブ分析

テキストに含まれるテーマやカテゴリーを確認するために内容分析を使う研究者と、日記に含まれた構造化質問によって得られた数値を分析するために統計手法を用いる研究者とのあいだには、共通した考え方がある。どちらも、日記に記録された素材を、分析対象であるテキストの外側にある社会的リアリティの様相の記録とみる。つまり、テキストは、その外側のリアリティの姿（出来事、活動、知覚、情緒など、どんな形であれ）を記述し、可視化するのに使えると考えられている。このように、研究者は、テキストに記録されたリアリティとテキストの外側にあるリアリティとの関係に関心がある。なかでも、日記をつける過程で生じるバイアスや歪みに関心がある。実験ないし調査を行う研究者は「品質検査」（電子記録システムなど）を導入するかもしれない。一方、他の研究形態で日記を利用する場合は、日記に記録された情報を、他のデータ源との二重ないし三重のチェックすることが考えられる（Stake, 2003）。

日記が有能で公平無私な観察者によって書かれた記録として扱われる場合、些細な歪みやバイアスも懸念の原因となる。たとえば、クラークソンは、日記のような文書は慎重に取り扱う必要があると述べている。

［文書記録には］人を欺く面がある。言い換えると，それらが語るのは，作者がわれわれに知ってほしいと思っていることであって，必ずしも研究者の関心事とは限らない。日記は，その語り手の見方で出来事を述べている。これは公式に作成された文書の場合も同様であり，リアリティに色つやをつける機会は日記や手紙，メモ類ではますます多い。（Clarkson, 2003）

同様に，ボーマンも，スウェーデンの労働者が書いた日記の限界にコメントしている。

彼は，それらの日記（小さな文字でぎっしりと書き込まれた小さな手帳）が，今なお出来事（天気と仕事に関する内容が大半を占める）を書いた従来通りの日誌であることを知った。どれ一つとっても個人的内省の日記ではなかった。（Thompson, 1988 の引用から）

スウェーデンの労働者が日常生活をどのように知覚し，対処しているのかを調べるために，この日記テキストに関心をもった研究者は落胆するに違いない。しかし，このようなテキストを，特定の社会過程の産物として扱う立場もある。その場合，焦点はテキストの外側のリアリティについて語っているものからテキストの内部構造にシフトし，そしてテキストの内容とテキストの内部構造とを分けて考えようとする。このアプローチには言語学や文学の研究が欠かせない。個人がコミュニケーションしたり，自己呈示するために，テキストをどのように使い，どのように組み立てるのかをそれらの研究は扱うからである。このアプローチが会話分析やナラティブ分析を特徴づけている。

「会話分析」は、「社会的相互作用を生み出し、それを解釈するために人が用いる方法や技法を特定し、記述しようとするエスノメソドロジー的原理」から発展した（Acton, 2003）。この用語が示すように、この技法は、主として自然に生まれた会話を対象としていて、そうした会話（とりわけ社会的相互作用の基礎となり、それを形作る社会的会話）の特徴を確認し、分析することにかかわっている（Bryman, 2001を参照）。日記であれば、会話で起きる発話の多重性はみられないし、転記する手間もいらない。けれども、相互作用の記録として、あるいは相互作用の一形式として日記を扱うことはできる。たとえば、イギリスの劇作家で日記作者であるアラン・ベネットは、日記を「相手が自分自身ではあるが、まるで会話のように」書いた（Bennett, 1998）。日記が自然なコミュニケーション方法の産物であるテキストとみなせるのであれば、他の自然発生的なコミュニケーション形式の基礎を支える約束ごとと類似した特徴をもつはずである。それゆえ、日記には会話分析で扱いやすい側面がある。

会話分析は、自然発生的なコミュニケーションの特徴を描き出し、分析する精密な方法である。たとえば、シルバーマンは、隣接対（質問と回答のようなセットからなる会話の対）の一例を示している（**図5・1**）。

「ナラティブ分析」は、文字テキスト、とりわけ「経験当事者による一人称の説明」に適用されてきた（Riessman, 1993）。このアプローチは詳細面接において発達してきたが、当然ながら日記にも適用可能である。

[HIV カウンセラー（C）と，患者（P）の会話から抽出]

1	C	ちょっと理由を聞いてもいいかなあ：君はどうして HIV の検査を
2		受けようと考えたのかなあ：
3	P	ふー（.hh），つまり：それは何ていうか，つまり最近は：そういうことを
4		考えないといけないんじゃないかと。そ-れ-で（0.8），いろいろな相手と
5		セックスしてると，何も知らないでそういうことを続けようとは（.）
6		思わないと思うんだ。

〔転記記号　「:」引き延ばし，「.hh」吸気音（h の数は長さを示す），「(数字)」間（秒），「＿」強勢，「-」途中切れ，「(.)」0.1 秒前後のあいだ〕

図 5.1　会話分析：質問と回答の隣接対（Silverman, 1994）

ナラティブ分析を用いる研究者は、ある特定のナラティブ〔物語〕を支えている構造と、同時に、語り手が自分の人生、特に「理想と現実のあいだ、また自己と社会のあいだに裂け目が存在する人生」の理解と表現を可能とする構造とに関心がある（Riessman, 1993）。リースマンはこのアプローチについて、つぎのように述べている。

その目的は、回答者が、自分の人生上の出来事や行為を理解するために、経験の流れのなかに、どのような秩序を与えるかを見ることにある。この方法論的アプローチは、インフォーマントのストーリーを調べ、そのストーリーが依存している言語的文化的資源をどのように統合し、また聞き手に信憑性をどのように保証しているか、を分析する。（Riessman, 1993）

リースマンによれば、ナラティブ分析に一定の方式は存在せず、テキストを精査するために使われる一連の質問があるだけだという。その質問にはつぎのものが含まれる。テキストはどのようにつくられたのか。もしテキストが会話にもとづくものならば、どのように文字化されたのか。テキストに含まれるナラティブのどの部分が（そのナラティブの）解釈の基礎となっているのか。そのテキストはどのように利用されるのか。ナラティブの意味、また他の解釈可能性を決定するのは誰か。(Riessman, 1993)

コメント

実験研究や調査研究に日記を用いる研究者は、日記を情報収集の一方法とみなす傾向にある。彼らは、日記作者が関連する情報を正確かつ明確に記録するように構造化された日記帳を用いる。こうすることで、情報の数値変換が容易になる。変数間の関係を確認し、そこで見出された関係が偶然の産物ではない可能性を検証するために統計的分析が用いられる。非要請型日記や自由記述式日記を用いる研究者は、文字化された不定形なテキストを管理・分析しなければならない。彼らは、テキストに記録された社会的リアリティのある側面に関する情報源としてテキストを扱おうとする。研究者は、個々のテキストに共通するテーマを確認することで、また各テキスト内の情報を分割し比較することで、日記内容の分析を試みる。もし研究者が何らかの仮説からスタートするのであれば、それがコーディング・フレームの基盤となるカテゴリー確定のためのフレームワークをもたらす。このフレームはテキストの内容を数値変換する際の助けとなる。しかしながら、研究者が特定の仮説からスタートしないのであれば、カテゴリーはテキストの絶えざる比較過程を通じて随時見直されて行く。すなわち、個々の新しいテキストは、これまでのテキストで確認されたテーマをもとに検討され、新しいテーマが確認されると、今度は既出のテキストが再考される。別のアプローチは各テキストの形式と構造を検証することである。テキストは、そのテキストの外側にあるリアリティ、すなわち「外の世界」(Riessman, 1993) の歪んだ反映物ではなく、それ自体が社会現象として扱われる。分析の焦点は、この現象がどのように形成されるのか、つまり、その基礎過程にある。会話分析の焦点は、テキストに埋め込まれた社会慣習の方にあるのに対し、ナラティブ分析の焦点はテキストがどのように構造化され、利用されるかにあると言えよう。

確認ボックス5・1 日記分析の新たな戦略

数量分析

- 変数を確認する。
- 変数に関連したデータをコーディングによって数値化する。
- 変数の統計分析を行う。
- 分析は、仮説の検証、ないし生成のために行われる。

内容分析

- 必要に応じて、転記したテキストをつくる。
- テキストを読みながらカテゴリーを確認する。

・さまざまなテキストを比較してカテゴリーに関連する素材を確認する。
・カテゴリーを統合して新たなテキストをつくりあげる。

構造分析
・必要に応じて、転記したテキストをつくる。
・テキストがつくられた文脈を考察する。
・各テキストを一構成要素ととらえる全体論的アプローチをとる。
・各テキストの物語構造と物語手法を確認する。
・テキストの組み立てに使われている規則を確認する。

◇数値パターンを確認する——実験研究と調査研究における統計分析◇

コーディング——データを数値に変換する

実験研究や調査研究に日記を用いる場合、研究者は、かなり早い段階から、つぎのことを考慮しなければならない。データの分析方針、コード体系によるデータの数値変換方法、統計ソフトパッケージの適用形態。こうした問題は、サンプル抽出、日記帳のデザインと構造に影響を与える。

かなり早い段階（たとえば，［データ収集ツール］の設計時点）で，どんな技法を適用するかについてはっきり意識しておくことが必要である。それはつぎの二つの理由による。

- あらゆる変数にあらゆる技法を適用することはできない。
- サンプルのサイズと性質は，利用可能な技法の種類を制約する可能性がある。（Bryman, 2001）

研究者は，データを容易にコーディングできるような様式で，確実に日記帳を構造化する必要がある。これを実現するための一つの方法は，所定の，ないしわずかな時間で回答可能な簡易質問紙を，日記帳の各ページに掲載することである（たとえば，Bolger, et al. 2003 を参照）。このアプローチを使う際，研究者は社会的リアリティの各側面をどう測定するか，その方法を決めておく必要がある。すなわち，どんな質問をするか，コード体系をどうするか，回答に割りふる数値をどうするか，である。

事象のなかには複雑で扱いにくいものがあり，回答のコーディングも困難を伴う。たとえば，ボルガーら（Bolger, et al. 2003）は，心理学研究における日記利用をレビューし，そのなかで，第一子出産後の女性の配偶者に対する親密度は低下する，という仮説を検証するための日記研究を提案している。この場合，研究者は親密度を定義し，その測定方法を決めなければならない。彼らが示した最初の定義はつぎのようなものである。「親密度は，ある個人が，別の個人から，理解され，認められ，大切に思われているという感情と定義される」（Bolger, et al. 2003）。このような定義は，各回答に対応するコード体系を備えた特定の質問におろすことが必要である。

コクソン（Coxon, 1996）はシグマプロジェクトの報告のなかで、性行動日記の記事コーディング方法について詳述している。日記は日付ベースではなく、出来事ベースで書かれた。すなわち、日記作者は、性行為が行われるたびに記事を書くように言われていた。シグマプロジェクトの日記研究の第一フェーズで、研究班は日記作者に、それぞれの性行為をどのように記述すべきか詳細に指示しなかったため、各日記作者は性行為のようすを自分だけのことばで書いた。たとえば、「ペニス」を指す語として五種類以上の用語が使われ、「肛門性交」については三種類以上の用語が使われていた。その後の日記では、研究班は性行為を記述するための用語を限定するようにした（第4章を参照）。

シグマプロジェクト研究班は、性行動の構成要素を分析するための非常に明確な図式を開発し、性行動の基本単位として「性セッション」を定義した。コクソンは、この基本単位を特定するためにある言語学的アナロジーを用いた。

> 性セッションは、いわば性行為の「文」（それ自体で独立し、一定の構造を有する）に相当する。
> (Coxon, 1996)

個々の性セッションは四つの構成要素で特徴づけられた。それらの構成要素は、中心要素つまり性行為の文脈を示すものである（Coxon, 1996）。四つの文脈要素とは、性行為の場面設定、性行為前の状況、性行為の付随物、パートナーの特徴であった。これらの各構成要素は、データのコーディング時に用いられる指定事項と説明を含んでいた。その指定事項は日記記入要領のなかにわかりやすく書かれている（Coxon, 1996）。

こうした枠組みは、日記に記録された情報を分析する際の強力なツールを用意するうえで効果的だった。各セッションのデータが特定の変数に変換され、変数間の関連具合が確認できただけでなく、各性行為の実際の内容を記号で表現することが可能になり、性行為の比較が容易になったからである（Coxon, 1996）。

◇数値の意味を理解する——統計分析◇

研究者は、日記内に書かれた情報のコーディングが済んだら、その数値を抜き出して保存し、統計分析を行い、欠損値をどのように処理し、コーディングするかを決めなければならない。通常は、SPSSやMinitabのようなパソコン用統計パッケージを用いてデータを入力する（Windows版SPSSの利用ガイドはBryman, 2001を参照）。このとき、データの正確で確実な入力が大切である。従来の紙による日記の場合、データは一つひとつコーディングして手入力しなければならない。この方法は、時間を要するだけでなく、エラーの原因ともなりかねない。通常は、データ入力の精度を確かめるため、サンプルデータを二回入力する（Bolger, et al., 2003）。コストを抑えて精度を高める一つの方法は、日記記事を自動的にコーディングする電子的日記を用いることである。この日記は、さらに不適切な回答の防止機能や、全質問にもれなく回答させる機能をもっている（Bolger, et al., 2003）。

データ入力が済んだら、研究者は変数間の関係を確認し追究する方法を決めることになる。まず、データ内の独立変数の確認から始めることになろう。独立変数とは他の変数に従属しない変数をさす（Cooper, 2003）。つぎに、これら独立変数間の関係を検証する。

> 量的データ分析において統計的相互作用は、二つないしそれ以上の独立・原因変数間の結びつきや連関が表現されたものとして定義される。この結びつきは偶然によって予想される以上のものである。（Miller, 2003b）

この関係を探るために研究者が選択する手法タイプは、各変数の数値の性質に依存する。たとえば、間隔尺度や比率尺度といった変数では、「カテゴリー間の距離は全カテゴリーにわたって完全に同一である」（Bryman, 2001）。「分」のような時間測度にもとづく変数における1と2の差と、6と7の差は同一である。対照的に、ふつうの変数では、数値の割り当ては本質的に任意であり、単に差異を示すだけである。たとえば、ブライマンは、スポーツジムの利用に関する質問紙のコード体系の例をあげている。そこでは、「スポーツジムに通う主な理由」をたずねる設問の回答は、「気晴らし」が

1、「健康の維持と向上」が2、などのように数値コーディングされた（Bryman, 2001）。統計手法の選択は、研究目的や研究結果の読者タイプによっても影響される。研究者は、一度に一つの変数を分析する比較的単純な単変量分析、二変数を比較する二変量分析、三つ以上の変数を比較する多変量分析を用いることができる。これらの手法による分析結果は、グラフやダイアグラムのような視覚的表現、表のような数値的表現であらわされる。単純な統計結果は一般に視覚的表現がとられる。たとえば、単変量分析の出力結果は、棒グラフや円グラフ、ヒストグラムであらわされ、二変量分析は散布図であらわされる。他方、多変量分析の結果を視覚的にあらわすのは難しいかもしれない。

コクソンは、シグマプロジェクトの分析において、さまざまな統計分析手法を用いた。その性セッションの分析において、彼は、各セッションの長さを、単純に一セッションあたりの行為数で記述することにした。彼の観察はつぎのようであった。

> 平均値（単純平均）はかなり低いが（ほとんどのデータで一・七五回）、ロングテール型の分布をしている。つまり、かなり多いセッションもあれば、もっと多いセッションも少数ながらみられる。
> （Coxon, 1996）

つぎに、行為の構造を探るため、より複雑な分析、すなわち、異なる性行為間の分析へと移った。コクソンは、多次元尺度法（Coxon, 1982）を使って、性行為の共起性に関する表と（Coxon, 1996）、それぞれの行為と他の行為とを関連づけて示した図（互いの位置が近ければ近いほど、共分散が大きくなる）をつくった。この分析によって、性行為間の関係を検討することが可能になり、オーラルセックスのようないくつかの行為は相互的になされ、挿入セックスのような他の行為では非対称、すなわち「ふつうの性役割的」傾向にあることが示された（Coxon, 1996）。

日記データには一つの際立った特徴がある。実験研究や調査研究で用いられるデータの大半は共時的、すなわち、ある特定の時点におけるスナップショットである。それに対し、日記データは縦断的ないし通時的である。一連の記録を表しているからである。したがって、日記データは、集団や個人の継続的変動の研究に向いている。パーキンら（Parkin, et al., 2004）は探索的分析で、再発寛解型多発性硬化症の症状が時間とともに変動するようすを検証した。断面の時系列データによって、彼らの主要な測定ツールである「Euroqol Visual Analogue Scale」（EQ VAS: 2004）の安定性と変動性の分析が可能になった。彼らは長期にわたる得点の変動を調べ、健康状態を示す得点には変動がなく、「個人内よりも個人間で観察された得点の方が変動は大きい」ことを見出した（Parkin et al., 2004）。

コメント

実験研究や調査研究に日記を用いる研究者は、コード体系を日記のなかに組み込めるよう、できるだけ早い時点で、データ分析について考え、計画することが必要である。これによって、日記内のデータを数値に変換することや、その数値を適切なパソコン用統計パッケージ（データの操作に用いられる）に確実に入力できるようになる。研究者は、統計分析に関連する実際的問題と概念的問題の両者を理解し、取り扱う必要があるため、できるだけ早くコーディング上の問題に確実に気づくことができるように、研究の初期段階でアドバイスやガイダンスを入手すべきである。

確認ボックス5・2　日記データの統計分析

アドバイス

・あなたが統計の専門家でないならば、なるべく早くそういう人にアドバイスを求めるべきである。

コーディング・フレーム

・主要な変数とそれを評価する方法をできるだけ早く確認する。
・測定とコーディングを日記構造として盛り込む。
・日記データの保存先や分析システムへの移行を容易にできるようにしておく。可能ならば、電子システムを使う。

データのコーディング

・いかに突出したテキストであってもすべて数値に変換する。
・全データを確実に保存し、分析システムに移す。
・サンプルデータの再入力によって入力データの正確性を確かめる。

統計分析
・そのデータをなぜ、どのように分析したいのか、特に、どんな関係が重要そうかを考える。
・単純な分析から始め、つぎにその結果を、より複雑な分析へと進むまえに考察する。
・さまざまな変数について、どんな種類の統計分析が適切か考える。
・どうしたら結果をわかりやすく表現できるか考える。

日記の内容を分析する

実験研究や調査研究に日記を用いる場合、コード体系を日記帳の中に組み込むことができる。そうすると、日記帳は小質問群の形をとる。自由記述のためのスペースを設けてもよく、そうしたテキストも数値に変換できる。非要請型日記や、自然主義的研究で要請型日記を用いる場合、日記帳に厳密な構造を与えるか否かは選べない。まずすべきことは、そのテキストを処理可能な形式に変換して入力することである。その作業は、手書きの日記であれば比較的単純だが、音声やビデオの日記では複雑になろう。そのつぎにやるべきことは、テーマやテーマ間の関係を確認することである。

日記をテキストに変換する

手書き日記のテキストへの変換は，ワープロソフトを使って再入力するという単純な過程である。研究者は，原文のレイアウト上の特徴をどこまで再現すべきか決めなければならない。たとえば，文章の切れ目や強調，下線をどこまで転記すべきか，転記するのであればどのように表記するか，ということである。一般に，このような約束事は簡単に決まり，自動的に適用される。しかしながら，音声やビデオの日記を転記する場合，事情はより複雑になる。このような日記は，ことばだけでなく，間や抑揚を含み，ビデオ日記になると表情や身振りも含まれる。この場合もやはり，何を転記すべきか，どんな約束事を用いればよいのか，を決めなければならない。一般に，自然な文脈や日記の慣習に関心をもつ研究者は，できる限り多くの「背景」を記録しようとする。会話分析の研究者たちは，自然な会話の内容と構造を把握するために，一連の約束事を開発してきている。それは，相互作用がどのように行われるかを示すように設計されている。

間や沈黙，重複，笑い，拍手，トーン，音量は，会話の内容のみならず，それが生み出される過程をもとらえようとして転記される特徴の数々である。音声記録の重要な特徴は一度聞いただけではなかなか明らかにならない。したがって，相互作用の複雑性に通じるためには，元のテープを繰り返し聞くことが求められる。（Acton, 2003）

これらの約束事によって，はじめて音声ビデオ日記の転記が可能になる。たとえば，パパドプロスとスキャンロン（Papadopoulos and Scanlon, 2002）は、四人の視覚障害者の一日を記録するために、探索的研究のなかでビデオ日記を用いた。刊行された研究報告書には転記に関する詳細情報は示されていないが、著者らは、テープを聞いて転記する際、「（ビデオ日記の）参加者の声の調子や音量、沈黙の間、他の音声に特に注意を払った」ことを記している（Papadopoulos and Scanlon, 2002）。

テキストのテーマを確認する

日記内容の転記が済むと、テーマを確認する過程に入る。その過程では、テーマを確認し、そのテーマ毎に関連するあらゆる証拠を整理してまとめるために、テキストを吟味し、何度も読み返すことが必要になる。コンピューター用ソフトが開発される以前、テキストを整理することは、テキストを物理的に操作することであり、テキストを切り取って、テーマやテーマ群に整理できるカードに貼り付けることであった。現在は、QSR NVivoやATLAS.tiといった、テキストを電子的に「切り貼り」可能な、さまざまなソフトウェアパッケージが開発されている（Bryman, 2001 参照）。

研究のスタート地点はプロジェクトの性格によって決まる。（先行研究や理論的分析から導き出された）明確に示された仮説から出発する研究者は、多くの場合、収集データについて明確な検証課題をもっている（Brewer, 2003c）。このような場合には、その仮説を確証ないし反証する証拠を探して、関連するテキストが調べられることになる。たとえば、ポロック（Pollock, 1983）は、親子関係に関する日記研究で、最初に、さまざまな記録に目を通して、子供－大人の関係の記述を含む記録を確認した。それから、その記述に焦点を合わせ、その記述は子供たちをどのように概念化しているか、それはどんな形でなされているか、子供のしつけに関する情報は含まれているか、それは暴力を含んでいるか、について詳しく調べた。こうした証拠を利用して、彼女はつぎの結論にたどり着くことができた。

> データソースから得られた情報は、（何世紀にもわたって研究されてきたテーマである）子供の行動を統制しようとしてきた、あるいは規制しようとしてきた親の存在を明らかにしている……子供のしつけに用いられる手段は、一九世紀初期を除けば、その時代性ではなく、親と子供によって異なっていた。どの時代にも、厳格な親と寛大な親がいた……親は、頭では子供に対して威厳をもちたいと願っていたが、実際には、その目的が達せられることはなかった。（Pollock, 1983）

もう一つ別のアプローチは、「〈データそのものに忠実であること〉あるいは〈データ自身に語らせること〉」で、データから一般化や理論化を引き出そうとするものである（Brewer, 2003c）。このアプローチはグラウンデッドセオリーの基礎となっている。グラウンデッドセオリーは（「理論的カテゴリー」を使った推論の可能性も認めはするものの）、主にテキストを系統的に精査することでカテゴリーをつくり出すという方法をとる（Charmaz, 2003; Strauss and Corbin, 1990）。

グリフィスとジョーダン（Griffith and Jordan, 1998）は、下肢骨折患者の回復期間中の経験に関する

テーマ1：不確実性に関すること：ストレッサー
・経験されたショックと苦痛
・異質な環境
・適切な治療への希求
・転倒恐怖
・回復に関する心配事
・松葉杖の使い方の習熟

テーマ2：コントロールを求めること：評価とコーピング
・慣れへの希求
・コントロールへの希求

テーマ3：「ふつうの状態」に戻ること：適応
・休息と活動のバランス
・以前の状態への復帰

図5.2　グリフィスとジョーダンによって確認された主テーマと副テーマ（Griffith and Jordan, 1998を改変）

日記−面接研究で、このアプローチを採用した。この研究は、下肢外傷後の緊急手術から回復中の九人の患者サンプルをもとにしている。二人の研究者はグラウンデッドセオリー・アプローチを使い、別々にテキストを読んで、カテゴリーの一致を確認した。この分析から、彼らが見出した三つの主要テーマと、文献で明らかになっている理論モデルとが一致することが明らかになった。

仮の見出しとカテゴリーをつくるために、まず全員の日記が通読された。それらは、最終インタビューで見直されることになっていた。それ以外のカテゴリーは、Ｅｔｈｎｏｇｒａｐｈというソフトウェアパッケージでデータを一件一件分析することで引き出された。各ケースの分析が終わると、それらのカテゴリーからテーマが姿をあらわした。著者たちのコーディング作業が進み、話し合いをつうじて、最終カテゴリーが決まった。主要な三つのテーマとは、ストレスと不確実性、コントロールへの希求、正常状態への復帰で、ラザラスのストレス・コーピングモデルと一致していた。(Griffith and Jordan, 1998)

グリフィスとジョーダンは、主テーマと副テーマを整理した（図5・2）。

統計ソフトを使う

いまや統計ソフトウェアパッケージを使わないで数値データを分析することなど、想像できないが、コンピューターを利用した質的データ分析はごく最近発達したものである。たとえば、ATLASの原型は、一九八九年から一九九二年にかけて学際的プロジェクトの一部として開発されたマルチメディアソフトである。その後、一九九三年に市販され、Windows用のDOS版が一九九七年に発売された（Muhr, 1997）。今では、質的データ分析を行うためのソフトパウェアッケージはたくさんある。たとえば、ブライマン（Bryman, 2001）は、コンピューターを使った分析を論評し、そのなかで五つの主要ソフトをあげている。Ethnograph〔http://www.qualisresearch.com〕、QSR N6（NUD*IST）」〔その後NVivoに吸収された〕、QSR NVivo〔http://www.qsrinternational.

com/products_nvivo.aspx〕、ｗｉｎＭＡＸ〔ＭＡＸＱＤＡに移行〕、ＡＴＬＡＳ．ｔｉ〔http://www.atlasti.com〕である（執筆時点で、これらのソフトの情報やデモプログラムは、ＳＣＯＬＡＲＩのウェブサイトhttp://www.scolari.co.uk で見ることができる〔現在は閉鎖されている。同じようなサイトに、http://www.textanalysis.info/qualitative.htm がある〕）。ブライマン（Bryman, 2001）がＮＶｉｖｏの使い方を紹介しているので、ここではＡＴＬＡＳ．ｔｉに絞って紹介しよう。

これらのパッケージは質的データの処理過程を容易にし、分析を手助けしてくれはするものの、使い方をマスターして効果的に利用するためにはかなりの時間を要する。またテーマの確認で、研究者の判定が不要になるわけでもない。

> ＡＴＬＡＳ．ｔｉの開発にあたってわれわれがおいた基本的な設計目標は、解釈者としての人間を効果的にサポートするツールであった。特に、かなり大量の研究材料や記録物、関連理論の処理を想定していた。（Muhr, 1997）

ＡＴＬＡＳ．ｔｉの利用の第一ステップは、テキストなどの質的データを入力することである。各日記の内容は、それぞれ別の文書として入力しなければならない。いったんテキストの入力が済めば、ただちに分析に着手できる。コーディング作業は各文書を読みながら進める。コードとは、文章単位で、その脇のマージン欄に入力される語ないし短文であり、テキストの節をマークするとともに特徴づけるために用いられる。それらのコードは、そのコードの付いたテキスト単位を確認し、検索するためのキーワードないし索引として使われ、電子的に切り貼りもできる。コードはあるクラスターや集合にまとめたり、より複雑な階層構造や、ノードとリンクからなるネットワークにまとめることもできる。

ATLAS．tiは、概念構造の探索を助け、それをわかりやすく図示するためにネットワークを用いる。このネットワークは、質的研究に発見的「右脳」アプローチを加えるものである。（Muhr, 1997）

われわれは、ATLAS．tiを使って、若い人たちが脳卒中にどう反応し、その影響とどう闘ったかに関する日記-面接研究で得られたデータを分析した（Alaszewski and Alaszewski, 2005）。脳卒中生存患者と介護者は、最初のインタビューに続いて、一ヵ月につき一週間分の日記をつけることを六ヵ月間続けるように要請された。最初の五つの日記を転記したあとで第一段階として、日記に書かれたテーマと問題が確認された。これは本来、探索段階の作業であるため、われわれは一つの日記をコピーして着手した。研究班の二人の読み手が、別々に日記のトランスクリプトを読み、カラーマーカーでテキストの各単位に印をつけ、余白に注釈やコメントを書き込んだ。全体を読み通した後、二人の読み手は、主テーマのリストと、各テーマに含まれる問題のリストを用意した。それから、その二人のリストを比較し、話し合いによる合意のうえで新しいテーマリストをつくった（図5・3）。これは比較的単純な作業で、ある場合にはテーマの表題を変えるか、またある場合には一方の読み手しか確認していないテーマを追加するだけですんだ。たとえば、読み手1は主テーマとして疲労を指摘していた。読み手2も同じく疲労を確認していたが、「脳卒中の後遺症」という主テーマの下位カテゴリーと見ていた。両者とも疲労感をカテゴリーとして認めてはいたものの、それをどのように分類するかが異なっていた。二人で話し合った結果、疲労は脳卒中の後遺症という主テーマの下位に置くことで落ち着いた。というのは、疲労は明らかに重要なテーマであり、身体次元と心理次元の両面があり、他の二つの下位テーマに分類できなかったからである（図5・3）。

つぎの段階は、日記をソフトウェアパッケージに入力し、マークしたテキスト中のテーマとカテゴリーを適用することであった。それぞれの日記をATLAS．tiに入力し、コーディングが済むと、日記が比較できるようになる。たとえば、われわれは、四つの日記を入力してコーディングしたあと、自動車とドライブに関するテーマを確認した。ATLAS．tiを使うと、自動車とドライブに言及しているすべての箇所を参照することは簡単であった。それらを整理したところ、あるパターンが明確になった。ドライブ関連の記事を書いた日記作者は、運転能力の喪失を、自分の自律性と独立性を損なう深刻な障害と感じていた。そして、その能力をふたたび取り戻すことは、かなりの満足をもたらす重要な目標であり、正常状態に戻ることの回復サインとみなされていた（図5・4）。

図5・3　最初の読み込みと、テーマとカテゴリーの確認
（カテゴリーは要約した表現にし、それぞれ、見本を三つ程度あげた）

読み手1	読み手2	話し合いの結果
1　疲労 ・エネルギーを蓄える ・休息が必要 ・症状と関連している	**1　脳卒中の後遺症** ・身体感情、疲労、苦痛、麻痺 ・精神的なもの、不安、不機嫌、記憶喪失	**1　脳卒中の後遺症** ・身体症状、脚の痛み、頭痛 ・精神症状、不安、不機嫌、怒り ・疲労
2　家庭・家族 ・家での活動、助けてやれないというプレッシャー ・元気でいること、家の中での貢献	**2　家族や他の人との関係** ・役割の喪失、子供への罪悪感、自己正当化 ・サポート、夫が多くの役割を果たしている、子供や友人を助けている	**2　家族や社会サポート** ・役割の喪失、子供への罪悪感、自己正当化 ・サポート、夫が多くの役割を果たしている、子供や友人を助けている ・社会活動、重要、エネルギーを蓄えておく、前向きな気持ち
3　専門家との接触 ・物理療法士に疲労について話す ・神経科医が薬を処方する ・理学療法士がやめてしまった、彼女はうまく進めてくれていたのに	**3　専門家によるサポート** ・診療、投薬、安心の保証、訓練 ・会話	**3　専門家のサポート・アドバイス** ・専門家、神経科医、理学療法士、作業療法士、看護師 ・治療、投薬、訓練 ・アドバイスやカウンセリング、頼み方、応答

図5・3　つづき

読み手1	読み手2	話し合いの結果
4　独立 ・元の状態に戻って運転したい ・夫の負担を軽くする ・失業	**4　もとの正常な状態に戻る** ・料理や家のこと ・バスに乗る、運転 ・買い物に行く	**4　もとの正常な状態に戻るための戦略** ・家事、料理、家のこと、ふつうの家族関係 ・友人やバス、運転を通じて周りを評価したい ・賃金労働、失職、復帰したい ・日々、自分を励ます、エネルギーを蓄える、集中する
5　挑戦 ・ふつうの家庭生活 ・運転 ・社会生活を営めるよう疲労を克服する	**5　管理** ・自分を励ます ・エネルギーを計画的に使っているか	**5　経過の測定** ・評価のタイプ、症状、不機嫌、達成、失敗 ・ポジティブ経験、症状が軽くなる、元気が出てくる ・ネガティブ経験、怒り、障害手当、失業

図5・3　つづき

読み手1	読み手2	話し合いの結果
6　**症状** ・頭痛 ・左脚の痛み ・家族と症状の両立		
7　**調子のいい日・ポジティブ経験** ・努力が報いられた ・症状が軽くなる ・元気が出てくる		
8　**調子の悪い日・ネガティブ感情** ・家族のプレッシャー ・髪型が気に入らない ・作業ミス		

図5・4　ATLAS・tiによる四つの日記からの抽出（関連記事を含まない日記があった）

J夫人の日記

1　また運転できると思うとうれしい。とても気分がいいし，うまく運転できると思う（まだ疲れやすいけど，少しであれば）。

2　金曜日，ピートが休みの日。それで，子供を連れて学校へ行き，それから，診療所へ行った。運転してもいいか，医者に聞きたいと思ったのだ。医者は，どうぞ，と言ってくれた。医者が，眼やバランスなどの検査をしないのに驚いた。自分ができるかどうかは自分でわかっていたけれど。私は運転免許庁と保険会社に連絡して，運転検査を受けた。ピートが隣の座席にいた。オーケーだった！

H夫人（介護者）の日記

1　彼女はH氏のためになることをすべて洗い出し，手や腕の理学療法や，運転のための練習と治療法を選んでくれるだろう。

2　CARTから来たメアリーは，H氏の指の訓練用にパティを持って来て，練習課題を与えてくれた。すべては，彼が運転できるように回復するためのものだが，本人はそのことを理解していないので，さほど期待しているようすはない。でも，彼はドライブのことばかり話している。

3　午後二時，メアリーとジェーンがH氏の運転適性検査をした。

4　七月八日木曜日，メアリーとジェーンが訓練を観察し始めたようだ。彼が運転できるよう支援するためである。

Ｔ夫人の日記

１　今日、親友が来て、資産状況を整理してくれた。お金のことは、もうぐちゃぐちゃ状態だった。彼女はそんな状態から私を救い出してくれた。車を売ったら、ずいぶん助かると思う。土曜日にまた来るように、あの人に電話しなければ。二人で、しっかり成功をお祈りした！

２　家に帰る途中で、結局、テスコのお店に寄ることになったけれど、ちょうどよかった。というのは、そこのミニラボで写真を焼かせたいと思っていたから。身体障害者用駐車券のために、写真を送る必要があった。

３　今日は一日中忙しくなる予定。私への請求書をもって、友だちが相談に来ることになっている。さらに、息子も来ることになっている。車を業者に売るためにシーベイまでもっていく予定。業者には昨日電話した。電話での話だと、車の状態がＡ１〔良好〕なら五〇〇ポンド〔約六万五千円〕で引き取ってくれるという。でも、それは業者の見立て次第である。ともかく、息子が出向いているあいだ、友だちと私はお金の整理をしていた。そこへ、息子からとんでもない電話が入った。業者の男性は二五〇ポンド〔約三万二千円〕しか出せないと言ったという。タイヤ覆いの部分がひどく錆びているし、他にもまずいところを見つけたらしい。私はがっかりして、息子に、業者が何か他に見つける前に話をつけるように言った。そのことを友だちに伝え、その中の二〇〇ポンド〔約二万六千円〕を銀行に返すように頼み、それで話がついた。

コメント

日記を、日記の外側にある事象の記録として利用する研究者は、それぞれの日記を情報の集合として扱い、それゆえ、日記に含まれている情報のタイプを確認するためにテキストを吟味する傾向がある。そこで、テキストは何度も読み返される。研究者は、テキストを、新しい社会事象に対する洞察をもたらしてくれるものとして扱うが、通常、分析は当該分野か関連分野における先行研究の知見からスタートすると同時に、それらの知見による影響を受ける。分析は、テキスト中で確認可能な情報やテーマのタイプについての判断作業を必要とするため、判断結果を比較、対照し、食い違いについて確かめ、調べることができるよう、二人以上の研究者がその判断過程に関与するのが通例である。最初のカテゴリー化は暫定的なものとして扱われ、研究者が分析を進め、そのカテゴリーを新たなテキストに適用することで、修正や改変がなされる。分析が進展するにつれ、日記やテキストは要素部分に分割されていき、それらはあとでまとめられ、特定の社会事象の新たな見方を構築するために統合される。

確認ボックス5・3　非要請型日記や自由記述日記の内容を分析する

テキストを転記し入力する

・コンピューター分析パッケージを使うかどうかを決定する。パッケージを選定し，使用法のトレーニングを受けるか，適切な助けを得る。
・テキストのなかで，ことば以外で残すべき重要な特徴（たとえば，レイアウトやテキストの切れ目，強調など）を決定し，それらの特徴をどう転記するか，決める。
・日記の内容を，あらかじめ決めた約束事にしたがって変換し，ワープロ入力する。
・必要ならば，テキストをデータ分析用ソフトウェアパッケージに入力する。

コード体系をつくる

・テキストを何回も読み返し，暫定的にテーマや問題を立てる。
・暫定的にテキストをマークし，その隣にコードないしコメントを書く。
・少なくとも一つのテキスト見本を，別の研究者にも読ませマークさせる。
・コード体系が決まったら，全テキストをコーディングする。

データを統合する

・関連性するコードを含むテキストをすべて選び出し，それらのテキストの類似点と相違点を考察する。
・類似したコードや関連するコードをひとまとまりのものとし，各カテゴリー間のつながりや関連を調べる。
・全体を貫くテーマと問題を確認する。

◇テキストと対話する――潜在構造を確定する◇

構造的アプローチを用いる研究者は、各テキストが手つかずのままであることを重視する。彼らは、テキストを支える構造、日記のようなテキストにみられる構造間の相違、そのような構造の存在理由、の確認に関心がある。つまり、各テキストの本来的な性質と構造を確認し、壊さないことが求められる。本節では、このような分析への二つのアプローチである、会話分析とナラティブ（物語）分析について考察する。

会話分析

会話分析を用いる研究者は、日常の社会的相互作用パターンに関心をもち、それは「相互作用中の会話に内在する構造の明確化、および相互作用を通じた秩序の形成」（Bryman, 2001）という視点からである。会話分析は、社会的相互作用を支える会話に焦点を合わせており、日記は社会的相互作用を表現、記録するようすを調べる素材として利用される。

ジョーンズら（Jones, et al., 2000; Jones and Candlin, 2003）は、同性とセックスする男性がどのように自分の行為を説明するのかを日記で研究した。彼らは、日記を書いてくれる一八人のゲイ男性を募集し、性行為や、セックスとエイズに関する考えを記録するように依頼した。これらの日記のなかで、ジョーンズらは四九件の「性のナラティブ」を得た。それらは、「日付順に書かれ、三つ以上の節の長さをもつ語りで、特定状況で特定相手との特定の性的出会いに関する説明」(Jones and Candlin, 2003)である。それらのナラティブには次のような独特の様式が見られた。そのなかの説明は、「自分のリスク行動を、どういうわけか、まっとうで、理性のある、あるいは当然でさえあるものとして描写することを促した」「対の行為」(Jones and Candlin, 2003)と表現されていた。

ジョーンズとキャンドリンは、こうしたナラティブ構造は「無言の会話」と等価であると考察し、それぞれの行為が、同時に、その前の行為をどう解釈すべきかに関する証拠となり、あとに続く行為のきっかけとなっていることを表現しているという。そのナラティブテキストは、

> 二人一組からなる相互作用を原動力とするやりとりという「著作物」であり，アイデンティティの蓄積によって形成された構築物である。これらの行為連鎖を通じて、登場人物は、社会的アイデンティティの主張と汚名の根拠となっている談話的アイデンティティの主張と汚名を交換していると考えられる。(Jones and Candlin, 2003)

大半の日記にみられる対構造は、交換の連鎖として分析され、整理された。

ナラティブ分析

ナラティブ分析もテキスト構造を探求するが、それは、テキストを支える相互作用の構造に焦点を合わせるのではなく、ナレーターがナラティブを構成し利用するやり方、とりわけ、ストーリーを納得のいく方法で語る作者の役割に焦点を合わせる。したがって、ナラティブ分析は、テキストの産出、その作者のアイデンティティと意図、作者がそのテキストに登場する程度、テキストで用いられている工夫に関心がある。

ギアツ（Geertz, 1988）は、このアプローチを使って、民族誌学者がどのように異文化（自身の属する文化圏の人びとに見せたいと思い、研究をしている）の報告を構成し、書いているかを研究した。使用したテキストには、マリノフスキーの日記（第2章を参照）のようなものも含まれていた。ギアツは、民族誌のテキストが他の科学的テキストとは少し違った形式をもつ傾向にあることに注目して分析を始めた。彼は、談話における作者機能についてフーコーが行った分析（Foucault, 1979）を利用して、民族誌のテキストにおける作者機能が強くなりがちであることに注目した。このことは、強い作者機能をもつ他のテキスト（とりわけ小説、歴史、伝記、哲学、詩）との類似性を際立たせ、作者機能の弱いテキスト（とりわけ科学的テキスト）との差異を明らかにした。彼は、民族誌テキストの構造は民族誌を著すことの困難さを反映していると主張した。つまり、民族誌を執筆することは「結局のところ民族誌学者の行う、広義の伝記的経験から一見科学的なテキストを構成することの奇妙性」を含んでいる (Geertz, 1988)。

クロスリー (Crossley, 2003) は、このアプローチを使って、ジョン・ダイヤモンドの日記を分析した。この日記は、もともとタイムズ紙の週刊コラムとして書かれ、また、死後、ダイヤモンド著作集の一部として出版され (Diamond, 2001; Diamond, 1999も参照)、口腔ガンを患ったダイヤモンドの闘病生活と死が綴られている。クロスリーは、ダイヤモンドの「日記」を、作者が自分の生存を脅かす難題と取り組んでいるテキストととらえた (Crossley, 2003)。そして、テキストとストーリーに構造をもたらしている四つの代表的な工夫 (devices) を見いだした。一つめは、初期の前ガン段階に関連したもので、ダイヤモンドはガンの可能性にふれているものの、そのことと自分自身とは距離をおいて見ていた。

> 「私は……と思った」という過去時制を使うことで、結局は間違いであることが判明するだろうとダイヤモンドは信じていたことが読者にじかに伝わってくる。(「　」は Crossley, 2003)

初期治療期間中に使われた第二の工夫は、口腔ガンと診断され、治療を受けているという現実に重点を置くことを含んでいる。クロスリー (Crossley, 2003) は、ダイヤモンドが (潜在的な不安と不確実さを寄せつけないように、診断や治療の詳細に注意を集中させながら) 病気に立ち向かう手段として自分の日記を利用し、筋書きに積極的にかかわっていたことにふれた。

時折、先々の不安がダイヤモンドの心をよぎる。しかし、多くの場合、自分を戒めて、その治療法の先まで見通すことはしない。彼の目は、回復への期待に向けられている。（Crossley, 2003）

三つめの工夫は、ガンについて書くことを避けることで、一時的な回復期間に使われた。最初の治療が完了したあと、ダイヤモンドは日記コラムでガンにほとんど触れていない。クロスリーは、「まるで、宙ぶらりんのまま、息を詰めて待機している状態、そして、それに言及できないほどおびえているようにみえる」と記している（Crossley, 2003）。

四つめの工夫は、「無言のナラティブ」表現を含んでいる。それは、不確実さと恐怖の認識、それとともに治療や健康回復に対する確信の喪失が関係している。日記コラムの最終回で、ダイヤモンドは「長く、とても無駄な戦いを取り上げているように感じるときがある」と書いた（Crossley, 2003）。クロスリーは、ダイヤモンドが、これらの工夫を使うことで、自らのガン体験を構造化し伝えようとしたと言う。ダイヤモンドの記述の信憑性は、治療の筋書きと回避との間の交替を通じて、ガンとの距離を置いていた最初の時点から、最後の無言のナラティブへという進行によって生み出されていた。

確認ボックス5・4　日記構造を分析する

対象テキストを決め、用意する
・分析単位を決める。つまり、そのテキストの最小単位は何かを判断する。
・出版ないし印刷されたテキストが存在しない場合は、あらかじめ決めた約束事に従って日記素材をテキストに変換する。

構造を決める
・テキストに適用したいアプローチを決める（例をあげると、会話分析かナラティブ分析）。
・各テキストを何回も読み返し、作者の考え、読者への訴え、出来事の提示といった主要な特徴を導き出す。

その構造がなぜ、どのように用いられているかを調べる
・文書の内容を検討する。
・構造上の類似点と差異を比較する。

コメント

構造分析は、日記をユニークで統合されたテキストとみなすこと、そして、作者がそのテキストを構造化する方法を検証することの二つを含む。この構造化は、それ自体が社会過程とみなされ、作者が自分の行為を記述する方法、テキストに表現されている社会的な相互作用と交換の性質、テキストの信憑性や作者の信用度を証明するようなコミュニケーションのしくみ、それら一連のことがらに関する情報を提供する。会話分析は、テキストの社会的相互作用や社会的交換のパターンに焦点をあて、そのパターンがテキスト内でどのように使われているかを研究しようとする。ナラティブ分析は「ストーリーを語る」際の作者の役割を研究し、自分のナラティブを理解しやすく、真実味の高いものにするために作者自身が用いているしかけを分析する。それは、とりわけ作者と読者が共通体験を共有しないとき、たとえば、民族誌学者が異文化と交流しようとするときや、ガン患者や回復した人がガン疾患について説明しようとするときである。

◇まとめとコメント◇

データ分析は往々にして、研究過程のもっとも心躍る楽しい部分である。最初の段階では、準備作業も多く、不確定要素もあるが、データ分析が始まり、パターンや主な結果の全体像が見え始めてくると、それまでのすべての作業が報われるものとなる。

このことが、構造分析、およびグラウンデッドセオリーに依拠した内容分析の魅力となっているのかもしれない。研究者は、すべてのデータがそろうまで待つ必要もなく、日記ないしテキストが一つでも手に入れば分析を開始でき、その分析がつぎのテキスト選定に役立つ。量的データを使う研究者は、対照的に、必要なデータをすべて集め、統計パッケージに入力して、正誤のチェックが終わるまで待たなければならない。そのあとで、ようやくデータセットのパターンを探求することが可能になる。ブライマン（Bryman, 2001）は、量的研究における一一のステップを指摘しているが、分析はその九番目に位置する。

◇重要ポイント◇

構造化日記のデータ

・データのタイプ……数値
・分析の単位……日記のなかに組み込み可能な変数
・分析ツール……ＳＰＳＳのような統計パッケージ
・結果の表現……数値表、グラフによる図示、統計検定の結果

日記の内容分析

・データのタイプ……元のテキスト
・分析の単位……テーマレベルのコーディングカテゴリー

・分析ツール……紙での切り貼り、ないしＡＴＬＡＳ．ｔｉのような質的データ分析パッケージ
・結果の表現……通常は、そのカテゴリーやテーマを含むテキストの例示、および単純な数値データで裏付けられた科学的テキスト

日記の構造分析

・データのタイプ……テキスト
・分析の単位……個々人のテキスト
・分析ツール……テキスト構築に関する文学的研究の諸概念
・結果の表現……特定のテキストから抜粋された例示によるテキスト構造の記述

◎演習問題◎

本書の文脈を想定すると、分析実習を意味のある面白いものにするだけのデータを提供することは難しい。したがって、以下の実習では、日記を利用しようとする場合に考慮すべき問題に注目することにしたい。

演習1　質的データ分析

研究

ある慈善基金が安全なセックスの研究に資金を提供した。基金側は、青年の性行動パターンを観察して、実際のコンドーム使用が、コンドームへの選好と関連性がみられるか、および、彼らが性行動をどの程度コントロールしていると思っているか、を評価したいと考えている。この研究には、質問紙（AとBの二問）と、記入要領のついた性に関する簡易日記が含まれている。

A　あなたにとって安全なセックス（コンドームを使用したセックス）はどのくらい重要ですか。

・とても重要
・まあまあ重要
・あまり重要でない
・まったく重要でない

B　あなたには安定した異性関係（決まった相手）がありますか。
・はい
・いいえ

日記の記入要領

あなたが異性とセックスしたときのようすをその都度記録してください。そして、相手のことについても記録してください。特に、相手の年齢（わからなければ推測でかまいません）、どういう関係の相手か（ボーイフレンドかガールフレンドか、知り合いか、会ったばかりか、など）、何をしたか（ペッティング、前戯、膣性交、肛門性交など）、コンドーム（使ったか、使うことを検討したか、使うか使わないかをどのように決めたか）についてです。

検討問題

データが収集されると、つぎの問題のいくつかは明らかになるだろう。しかし、問題を考察することで、現段階でも、分析について考えることは可能である。

1　利用可能な主な変数は何か

2　各変数のコーディング・フレームの大枠は何か

3　数値で得られる変数の水準を区別できるか。たとえば、間隔・比率尺度、順序尺度、名義尺度、二項変数のどれが当てはまるか。

4　どのような分析が必要か——単変量、二変量、多変量——それはなぜか。

5　その結果が統計的に有意であることは重要か。もしそうならば、それはなぜか。

演習2と3——内容分析と構造分析

研究内容

若年の脳卒中患者が、発作経験後、どのように回復していくかを長期間追跡する研究に、ある慈善団体が資金を提供している。その研究では、発作後，二週間以内にスタートし、一八ヵ月のあいだに、インタビュー→日記→再インタビューというサイクルを三回繰り返すことになっている。研究参加者は、一八ヵ月のあいだ、一ヵ月につき一週間の割合で日記をつけることを要求される。以下の四件の抜粋は、第一サイクル（最初の六ヵ月）の日記から取られたものである。各抜粋の前半は、日記作者の背景情報である。抜粋はテーマの類似性に注目して選ばれている。最初の演習では、抜粋の内容分析が、そのつぎの演習では構造分析が求められる。

抜粋 1

N氏は五八歳、この記事の約四ヵ月前に脳卒中の発作を経験した。現在、右側不全麻痺と不全失語が少しある。妻と二人暮らしで、発作前には元気で働いていた。今は書くことができないので、日記は、妻に口述筆記してもらっている。

四月一日　木曜日

今では顔を洗い、着替えをし、腕時計をつけることができる（だいぶ訓練をした）。ほぼ毎日、CARTチームがやって来る。私が思うに、助けにはなるが、本当の物理療法士ではないので、回復が当初より遅れている。私の右腕はかなり不自由だが、移動は大丈夫である。ほとんど一人でできる。この数週間のあいだ、かなり落ち込むことも時々あった。特に近所の人や友だちに頼らなければならなかったときだ。

妻がほぼ毎日外へ連れ出してくれる。先週は車で外出し、ホテルで食事をした。

抜粋 2

T夫人は五六歳、この記事の約三ヵ月前に脳卒中の発作を経験した。左側不全麻痺と記憶障害が少しある。独り暮らしだが、介護者や親戚のサポートを受けている。発作の前は働いていなかった。

三月七日　火曜日

今日は病院の物理療法士のところへ行くために、早起きして、八時三〇分までに仕度しなければならなかった。九時二〇分に迎えの車が来た。病院に着くと、病気で休んでいる作業療法士がいたりして、すぐには空いている物理療法士がつかまらなかった。それで、しばらく編物をしていたのだけれど、そのうち、一人の療法士に連れられて二階のバスルームに行き、私が座席付きの浴槽に入ったり出たりできるか評価した。その動作がうまくできたので、彼女は私にその作業をさせようとした。タクシー運転手が一一時頃、私がもう帰れるかどうか見に来て、一一時．五分頃、家に着いた。あまり充実した一日とは言えなかった。

抜粋３

Ｊ夫人は三四歳、この記事の約三ヶ月前に脳卒中の発作を経験した。バランスを取ることや頭痛、倦怠感の問題がまだ残っている。彼女は夫と子供二人と一緒に暮らしている。発作の前は、外で働いていた。

四月四日

日曜日。今日は気分がいい。頭が締め付けられる感じもないし、昨日のようにだるく感じることもない。

今日は左脚の筋肉がかなり痛く、たくさん歩いたりすると傷むが、この痛みの感じ方は脳卒中からきているに違いない。というのは、痛いのは一方の脚だけだし、何とその脚が、お風呂のお湯を冷たく感じるのだから！

週末はピートや子供たちと家で活動的に過ごす。ふつうの生活ってすばらしい。

抜粋４

Ｈ氏は五〇歳、この記事の約二ヵ月前に脳卒中の発作を経験している。彼は失語症で、ことばを話したり、理解したりすることに重篤な問題を抱えている。彼は妻と成人した子供と暮らしている。H氏は日記を書けないので、H夫人が書いている。発作の前は元気で働いていた。

五月八日　月曜日

今日は病院で言語療法を二〇分、作業療法を二〇分やった。色や点、形などである。H氏にはやさしいのもあれば、難しいのもあった。自分がなぜ病院に行かなければならないかは理解できないようだったが、作業をするのはとてもうれしそうだった。そして、できないときは当惑していた。補助金のことで社会福祉事務所に電話したが、H氏が脳卒中にかかって三ヵ月のあいだ、障害者生活支給金以外には何も出なかった。私は一六時間以上も働いているし、ぐずぐずしてはいられない。脳卒中協会から電話があり、留守番電話にメッセージが残っているので、後で聞いてみようと思う。

H氏はメカーノ〔組立玩具〕を上手に組み立てている。図面を読んで、部品をちゃんと探している。

抜粋5

N氏は八〇歳、脳卒中を患い、病院にいるあいだ、カレンダーに自分の回復記録をつけていた。

六月

・三日（日）　助けを借りないで四〇〇歩歩いた。
・四日（月）　手洗所の床を二〇回往き来した（かな？）。
・五日（火）　手洗所の床を三〇回往き来した。
・六日（水）　手洗所の床を三五回往き来した。
・七日（木）　手洗所の床を四〇回往き来した。
・八日（金）　物理療法士のところから歩いて戻った。階段が二つと長い廊下を。
・九日（土）から一三日（水）まで　助けなしで歩いた。
・一四日（木）　一一時一五分、調理した。
・一五日（金）　助けなしで歩いた。
・一九日（火）　物理療法士と一緒に自宅に行った。

内容を分析する

この演習については、適宜、抜粋のコピーを取って、それにカラーマーカーで印を付けるか、抜粋の文章をワープロソフトに入力するのがいいだろう。その抜粋テキストを繰り返し読んで、つぎの問題について考察してみよう。

1　各テキストのなかで起こったことを簡潔にまとめる。
2　各テキストの主なテーマとカテゴリーを確認する。
3　テーマとカテゴリーの一覧表をつくる。
4　各テキストを再読して、それぞれのテーマとカテゴリーの該当箇所に印をつける。
5　それらの該当箇所を切り出し、カテゴリーごとに整理する。
6　カテゴリー毎に読んでまとめ、テキスト間の類似点と相違点を考える。たとえば、ある抜粋箇所は肯定的評価を含んでいて、別の抜粋箇所は否定的評価を含んでいる場合、その理由を確定できるか。
7　カテゴリーをテーマに分類し、その作業を繰り返す。
8　全体像を描き、データを使って説明する。

構造を分析する

上記の教材は抜粋で全文ではないため、構造分析は限定的なものとならざるを得ない。しかし、とりあえず、つぎの問題について考察してみよう。

1　テキストの書かれ方と、書かれた理由は何か。
2　ここに掲げた抜粋が原文そのものではないことについてどう思うか。また、そのことで構造分析にどんな影響がもたらされるか。

3　ストーリーはどのようにして語られているか。その語られ方は抜粋間でどのように異なるか。

4　作者は自分自身をどのように表現しているか。

5　テキストに含まれるナラティブのどの箇所が、解釈の有効な手がかりとなっているか。

6　そのテキストはどのように使われているのか。その意味を決定するのは誰か。別の解釈は可能か。

第6章 結論

——日記研究の可能性をさぐる

本章のねらい

・日記研究の強みと弱みを考察する。

本章の目的

・日記研究の性質を検討し、内在する問題点を確認する。
・社会調査における日記の利点と制約を検討する。
・日記研究で得られる知識のタイプを考察する。

◇日記調査法――データ収集法としての強みと弱み◇

日記は、人の行為や思考、感情に関する情報にアクセスするための非常に柔軟な手段である。それは、さまざまな研究デザインに用いることができる。実験研究を行う研究者は、高度に構造化された日記や記録システムを用いようとし、一方、非要請型日記を用いる研究者は、研究過程による「汚染」を受けていない情報にアクセスすることができる。

日記は単独のソースとして用いることもできるが、他の手段と組み合わせて使うこともできる。「家計食費調査」において、主要費目の家計支出は世帯面接を通じて調査されるが、その他の支出は家族構成員がつけている日記によって調査される（Botting 2003）。一九九〇年代の携帯電話代のような新しい費目は日記によって認知され、その後、面接項目に含まれることになる。日記が生み出すデータは、しばしば情報全体の中でも重要な部分となる。政治史において、日記は他のソースが使えなかったり、検閲を受けていたりするような場合（たとえば、一七世紀後半のイギリスのように）、とりわけ重要なものになるだろう。社会史において、日記は書簡や遺言状といった生活文書と並ぶ重要なソースである。日記は、他のデータ収集法と組み合わせて用いることもできる。日記‐面接法では、研究参加者は観察記録ないし日記をつけ、それらは、その後の追跡面接の基礎資料として利用される（Zimmerman and Weider, 1977）。

日記には他の方法に優る二つの大きな利点がある。一つは、手が届き難いか、観察が困難な事象にアクセスしやすくすることであり、もう一つは記憶に出来する歪みを小さくすることである。さまざまな理由で、アクセスしにくい研究対象もあるかもしれない。最もはっきりしているのは、有力な情報提供者がすでに生存していない場合である。そのような状況では、非要請型日記は他の生活記録とともに、その個人がどのようにふるまい、世界をどのように知覚していたかを知るための事実上、唯一の手段となる。マクファーレン（MacFarlane, 1970）は、ラルフ・ジョスランの日記がなかったならば、一七世紀のエセックス州教区牧師の精神世界を再現することは実質的に不可能だったと言う。現代社会において、近づき難い集団は、周辺に置かれるか社会的排斥を受けている場合が多い。このような集団は、社会の主流派やその代表人物に不信感を抱く傾向にあり、そのなかに研究者も含まれる。面接や観察のような方法をとる場合、研究対象に近づいて信頼を構築するために相当な時間と労力がついやされる。また、これらのいわば侵入型アプローチは、研究者が観察したいと思っている行動を変えてしまうか、あるいは研究者を危険にさらす可能性がある。たとえば、公共空間でのセックスを対象にハンフリース（Humphreys, 1970）が行った民族誌研究は、実践的・倫理的に大きな問題を引き起こした。それらの行為を観察するために、彼は公衆トイレで許されざるセックスに耽る男たちの「のぞき魔」（watchqueen）として行動した。日記を利用すれば、こうした問題も避けられる。香港のジョーンズら（Jones, et al. 2000）は、日記を使って、同性愛男性の経験を記録するのみならず、彼らの社会的態度や感情、信念も調べた。

社会科学における多くの方法論は、ある一時点の情報しかアクセスしないし、過去に起きたことがらにアクセスしたいと思っている研究者は通常、その事象に関連する研究参加者の記憶に頼るしかない。こうした回想は、言うまでもなく不正確なものであり、日記を使えば、事象が起きたその時点で記録してもらえ、回顧によるバイアスを最小化することもできる。コクソン（Coxon, 1999）は日記法と質問紙法を比較する研究を行った。八六人のゲイ男性が、一ヵ月間、性日記をつけ、その後で七四人がその期間に関する追跡調査として質問紙への記入を求められた。コクソンは両者の相違を確認し、つぎのように結論づけた。すなわち、二つのデータソースにおける全体的な行動パターンは似ているものの、日記の方がより正確なデータを提供していると言える。

日記法には制約がある。それは、日記研究に共通のものもあれば、特定の日記研究に限られるものもある。最も明白な共通した制約はコストと選択バイアスに関するものである。

質の高い社会調査は骨の折れる仕事で、それゆえ資源集約的であるが、日記研究は他のタイプの社会調査法よりも費用がかさみがちである。日記や記録装置を開発したり、日記作者をトレーニングしたりすることにコストがかかる。なかでも実験研究や調査研究の一部として日記を利用する際は、ことさらそうである。非要請型日記を用いる研究者は、関連するアーカイブを探してそれを利用するための費用を負担しなければならない。要請型日記を用いる研究者は、日記を配布し、回収する必要があるし、作者が日記をつけているあいだ、彼らを支援しなければならない。最後に、日記データを分析する費用がある。それは、テキストを処理できる形にしたり、転記したりしなければならない研究者にとってはかなりの支出となろう。コルティは日記の費用対効果をつぎのように説明している。

日記法は一般に個人面接より費用がかかる。人を配置して回収のために訪問させるのは、郵送法よりもコストがかかるにちがいない。日記が構造化されていない場合は、編集やコーディングの作業が費用を押し上げるだろう。しかしながら、それらのコストは、より正確なデータが得られるという日記法の優越性と帳尻が合うはずである。特に、回想法がまともな結果をもたらさない場合にそうである。(Corti, 2003)

日記は、選択バイアスという問題も含む。日記をつけることは努力とスキルを要する行為であり、作者は日記をつける意志と能力のある人物という系統的バイアスが存在する。それは特に非要請型日記において顕著である。一九世紀のように日記をつけることがかなり一般的な社会習慣であった時代でも、日記作者は社会的エリートに偏りがちだった。ポロック（Pollock, 1983）は、イギリスとアメリカにおける大人-子供関係の研究で使った日記の「代表性」を分析した。研究対象となったサンプルの日記作者はその社会の読み書き能力のある層から選ばれていた。サンプルの一一パーセントは「上流階級のトップ層」に属していた。もっとも割合の多い職業集団は聖職者で、ついで多かったのが事務系と技術系の被雇用者だった。所属宗教別でみると、プロテスタント系に偏っていた。つまり、清教徒一〇パーセント、クエーカー教徒一二パーセント、その他少数宗派一六パーセントであった。イギリスに限ると、英国国教会ないしローマカトリック教会のような主流派が一定の部分を占めていた（二七パーセント）。

特定タイプの日記には固有の制限がありうる。実験研究や調査研究では、日記は研究者が必要な情報を観察したり記録したりすることが高くついたり困難であったりする場合に用いられることが多い。そのような場合、記録の正確性は日記作者に依存することになる。場合によっては、日記作者に正確な情報を記録しないようにという誘因が働くかもしれない。たとえば、喘息や背痛のような慢性疾患をかかえる患者は、指示された処方に、実際よりも遵守しているように見せたいと思うかもしれない。ストーンら（Stone, et al., 2003）は、慢性背痛疾患をもつ成人がどのように日記をつけるかについて研究を行った。彼らは実験参加者を無作為に実験群と対照群に割り当てた。実験群メンバーは、連続する二一日間の指定された時刻に、紙の日記にある三つの痛み記入欄を埋めるように要請された。対照群メンバーは、日付がすでに入力されている電子日記を使用した。その結果、電子日記を使用し、入力時刻が記録されることを知っていた四〇名の処方遵守率は九四パーセントであった。一方、紙の日記を使い、記入時刻が記録されることがないと思っている四〇名の処方遵守率は九〇パーセントであった。しかしながら、隠された電子装置に記録された実際の遵守率は一一パーセントであった（この数字は指定された時刻を含む前後三〇分間に記入された割合で、九〇分まで拡大すると九パーセント増える）。この結果は、従来の紙ベースの日記が事実情報の信頼できるソースとはなっていないことを示す。とはいえ、入力時刻が自動的に記録されることを実験参加者が知っている電子システムは、入力すべき時刻をきちんと指示すれば、それが守られていることを確実に保証してくれる。

社会事象に関する情報にアクセスする手段として日記を用いる研究者は、あらゆる文書記録に共通する問題を意識する必要がある。つまり、テキストを作成する作者ないし語り手の役割である。クラークソンは、これに関してつぎのように述べている。

> 文書記録は社会学の諸理論を裏付けるための経験的証拠となる。しかし、文書記録には人を欺く面がある。言い換えると、それらが語るのは、作者がわれわれに知ってほしいと思っていることであって、必ずしも研究者の関心事とは限らない。日記は、その語り手の見方で出来事を述べ

ている。これは公式に作成された文書の場合も同様であり、リアリティを脚色する機会は日記や手紙、メモ類ではますます多い。(Clarkson, 2003)。

コメント

日記は柔軟である。日記は、実験デザインや調査デザインを含むさまざまな研究デザインや、歴史研究、民族誌研究や自然主義研究の一部としてさまざまな研究で採用され、他のデータ収集法と組み合わせて用いることもできる。特に、他の方法ではアクセスの難しい情報に近づきたい場合に有効である。しかしながら、日記には制約があることにも留意しなければならない。日記法は費用がかかるし、選択バイアスが持ち込まれる可能性もあり、注意して用いなければならない。

確認ボックス6・1　日記——その利点と制約

全体的な利点
- 柔軟である：さまざまな研究デザインに適用できる。
- 高度に構造化された日記から非要請型日記までさまざまな形態で利用できる。
- 他の方法と組み合わせて利用できる。

個別的な利点

・近づきにくい集団にアクセスするできる。
・観察困難な行動を記録できる。
・記憶に由来する問題を最小化できる。

制約

・コスト。
・選択バイアス。
・不正確さやバイアスの発生可能性。

◇日記——データ収集の自然な手法か、人工的手法か◇

多くの点で日記研究は「自然」である。すなわち、日記は研究に参加する個人にとって新たな行為でもなければ、非日常的な行為でもない。コクソンはシグマプロジェクトの日記利用に関して、「日記法は、性的に活発なゲイ男性としての［研究者たちの］経験から生まれた」と書いている（Coxon, 1996）。日記法は、面接のような他の方法よりも自然だった。その理由はつぎのとおりである。

・それは、研究以前から一般的な社会習慣として存在していた。日記をつけることはゲイ男性のあいだでは一般的なことに見え、ジョー・オートン（Orton, 1986）のような出版された日記の例もある。
・それは、一般的な社会習慣から発展した。研究者のなかには、研究開始前から何年ものあいだ性日記をつけていた者もいて、彼らは日記法を開発する際に自身の経験を生かすことができた。
・日記作者は自身の経験を自らのことばで記述した。つまり「自然なことば」が用いられている（Coxon, 1996）。

シグマプロジェクトでは、ゲイ男性の性行動調査の一環として日記が使われたが、研究過程が対象に介入することを最小化したいと考えている研究者にとって、日記の「自然さ」は特に魅力的である。しかしながら、日記の「自然さ」には重要な制約がある。日記をつけることは、ある条件がそろったときにのみ発達する学習された行動である。その条件とはつぎのようなものである。

・日常語で書くことが認められていること。
・教育体制が発展していること、および読み書き能力を備えた人口が一定数を超えていること。
・必要な筆記用具が利用できること。
・個人記録をつけたいという動機づけがあること。その前提として、それらの個人情報が十分保護されることも含まれる。

これらの条件を満たす社会は近代以前にもあった。たとえば，一〇世紀の日本では，教養ある有閑エリート階級が個人的記録をつけていた。一七世紀以降になると，人びとの読み書き能力が向上し，日記を書くためのコストも下がり，日記をつけることが普及するための必要な条件が整った。近代初期，一六世紀と一七世紀には，宗教とりわけ清教主義が強力な推進役を果たした。この時代の後半には，日記を促す要因がさまざまにあった。なかでも，出版による個人的，金銭的な利益は無視できない。しかし，定期的に記録をつけるために必要な統制や努力を考えると，現代社会でも日記をつけることは，知的エリートのあいだで行われることが多く，少数者の習慣にとどまっている。

日記をつけることは，一連の社会慣習と関連した，特定のリソースへのアクセスを求められる教養的行為である。半構造化面接のようないくつかのデータ収集法と比較すると，日記研究はかなり人工的な行為とも考えられる。半構造化面接は誘導された会話形式とみなすことができ，それゆえ，研究参加者はそこで何が行われているのかを知ることができ，自分の過去の日常会話経験を利用することができる，と考えられる。実際，研究者は，面接場面でデータを最大限引き出そうとして，できるかぎりふつうの会話に近づくよう努力するかもしれない。対照的に，日記を用いる研究者がみんな，そのような暗黙の一般知識をもっているとは考えられない。日記研究に参加する人たちの大半は，それまでに日記をつけた経験がないだろうし，それゆえ，日記のねらいや目的をはっきりと説明し，日記研究の約束事に関するガイダンスをする必要があるだろう。実際，日記作者がどの程度まで日記の約束事を遵守するか，どのようにそれを破るかは，その研究の興味深い側面となるだろう。アフリカ女性の家庭内暴力経験に関するメス（Meth, 2003）の研究では、三九件の日記のうち一八件が日々の記録のなかに過去の出来事を含んでいた。そうした出来事はその時点の出来事を説明するために使われたものではなかったが、そこには「見出しに〈過去〉の日付をも用いた、過去にまつわり、そして過去に関する明確な日記の構造と記述」が見られた。

コメント

日記を用いる研究者は、日記をつけること自体の性格に自覚的でなければならない。それは、研究の文脈を形成するからである。日記をつけることは、それが広く普及している集団では認知された社会的行動といえるが、それでも少数者の習慣である。非要請型日記を用いる研究者は、自身の研究において、その日記作者がどのくらい代表的ないし例外的であるのかを検討しなければならない。日記記録を研究参加者に要請する研究者は、日記作者がもっている暗黙の知識、および研究参加者がそのような知識に辿りつくための方法を検討しなければならない。

確認ボックス6・2　日記——その自然な要素と人工的要素

自然な要素

・確立された社会的営みである。

・作者自身のことばで書かれる。
・研究過程の介入を最小限にでき，いつ，どこで記入するかは作者にまかされている。

人工的要素
・暗黙の約束事に依存する。
・特定のスキルを必要とする。
・特定のリソースを必要とする。
・個人情報の保護を必要とする。

研究目的との適合性
・実験研究ないし調査研究を行う研究者は，構造化された質問紙型日記を用いる。
・歴史研究ないし自然主義的研究を行う研究者は，日記の自然な側面に注目して追究する。

◇日記と知識◇

研究者は知識に近づくために，一定の方法論を用いる。なかにはさまざまな理由からアクセスすることが難しい知識もある。たとえば，それを教えてくれる人びとにアクセスすることが困難である，あるいはその出来事がまれにしか起きないか隠されている，その出来事がどのように経験されているかに研究者の関心があるような場合である。バーマンは，加齢について知識を深めていくようすを考察し，つぎのように述べている。

加齢に関連した体験を記述することが，加齢に関する知識の一部であると認めるならば，そのような記述のソースとして個人日誌の価値はただちに明らかとなる。(Berman, 1988)

こうした柔軟性はアクセスされる知識の本質と状態に関する疑問を提起する。したがって，日記を用いる研究者はそうした議論や論点を認識することが重要である。

実証主義

社会科学が学問領域として成熟した一九世紀，社会科学者は社会に関する知識と自然界に関する知識とを同等に扱った。デュルケームは，自身の自殺研究で，知識が深まるようすをつぎのように説明している。

科学的研究は，比較可能な事実が扱えるときしか，成果を得られない。実際に比較可能なあらゆる事実を統合できる可能性が高いほど，研究の成功する可能性も高まる。……花や果実につい

> て語る植物学者、魚類や昆虫について語る動物学者、彼らは、これらの用語をあらかじめ定義された意味で用いる。(Durkheim, 1952)

デュルケームは、自殺率は社会的事実であり、自分の役割はそれらの事実を収集、整理し、社会に関する理論をつくり上げることである、と考えた。実験研究や調査研究において、日記は、事実をそのまま記録したものとみなされ、研究者の主な関心は、その記録ができる限り正確であることを保証することである。実証主義は、社会科学の分野ではかなりの批判にさらされてきたが、とりわけ自然科学において多くの研究を支え続けていることは間違いない。医学者は、実験によって、さまざまな治療介入が被験者にどのような影響を与えるかを研究する。このような文脈において、日記はある種の知識を生み出す可能性をもつ。パーキンら(Parkin, et al., 2000)は、日記や他のデータ収集法を使って、多発性硬化症のベータ・インターフェロン治療の効果を検証しようとした。同じように、調査研究法でも使われている。たとえば、一九九〇年代、「家計食費調査」の日記部分の研究で、携帯電話支出の増加が確認され、携帯電話利用料金が多くの世帯で恒常的支出費目になりつつあることが示されていた。一九九六年度の調査からあ、この支出は質問紙の項目に加えられた(King, 1997)。この調査は、大部分の人びとが自分自身について観察していること、すなわち、携帯電話利用が一九九〇年代のイギリスにおいて慣習として定着し、コミュニケーションの一形態になったことを裏付けていた。

社会構成主義

デュルケームは自殺に関連した事実を研究するなかで、科学的に定義された事実と「一般的な用語法」や「共通に使われることば」で表現された事実との区別に厳格であったが（Durkheim, 1952）、彼のアプローチを批判する人たちは、実証主義的アプローチには、厳密に言えば、両者の混乱が含まれていることを示している。それは、自殺のような社会的事実がどのようにして社会的に構成されているのかを認識できていない、というものである。テイラー（Taylor, 1982）は、ロンドンの地下鉄での自殺を分析するなかで、検視法廷がこうした死をどのように扱うかを検証し、つぎのことを見出した。つまり、自殺と分類される死は、状況調査の結果から「その死は自殺のように見える」だけでなく、その人物の生育歴が「自殺がふさわしい」として再構成されることでもあった。死が自殺に分類されるとき、その死は実際の因果関係をもつ社会的リアリティであるが、それは、社会的に構成されたリアリティ、「知的生産の組織的過程の産物」でもある。そして、自殺に関する「当局」（および、他の関係者）の信念や見解の反映でもある（Taylor, 1982）。このようなアプローチは、社会的リアリティが社会的にどう構成されるかに注意の焦点が合わせられるべきであることを示している。

知識へのこのアプローチは、社会構成主義においてもっとも明確に整理されている。それは、知識とは、静的現象（個人が収集した事実）ではなく、人が日常生活を整理して理解するために用いる過程を通じて、能動的に生成、構築されるものであるという前提からスタートする。シュバントはこのことをつぎのように説明している。

大部分の人は、知ることは（心に意味データをそのまま刷り込むような）受動的なものではなく、積極的、すなわち、少なくとも、抽象化や概念形成といった影響力のある何かをすることであるという考えに同意するであろう。この意味で、構成主義は、人間は自分たちが構成し、つくり上げているにもかかわらず、そうした知識を必ずしも理解しているわけではないことを言っている。われわれは、経験を理解するために概念やモデル、スキームを発明する。そして、こうしてつくりあげたものを、新たな経験を踏まえて絶えず検証、修正している。（Schwandt, 2000）

このアプローチは、理解するという過程を支える慣習、なかでも個人的かつ集合的な理解と行為の中心にある日常的に共有されている慣習への関心を引き出す。

こうした社会的慣習がどのように社会的リアリティをつくり上げるのかを追究する研究者は、それに関連する過程を捕捉、分析するための方法論を必要とする。実際の社会的営みの重要性、そして、個々人が、たとえば会話やストーリー、ナラティブ、談話といったさまざまな場面で果たしている言語使用の中心的役割を考えると、重要なのは言語を捕捉、分析することであり、その言語の使用法と形をもたらしている構造を検証するためにも、ことばが使われる。すなわち、発話という作業は、社会的営みを理解することであり、ある特定の談話で果たしている修辞戦略を分析するという問題である。（Schwandt, 2000）

日記はことばの自然な用法にアクセスしうる一つの手段である。日記は、要請型か非要請型かを問わず、ある個人に起こっていることを理解し提示するために、社会的慣習の活用を可能にするテキストを生み出してくれる。それらの慣習は構造分析を通じて特定可能である。たとえば、ジョーンズら（Jones, et al., 2000; Jones and Candlin, 2003）は、他の男性とセックスする男性の研究のなかで、日記を用いて、作者が自分たちの行為を説明するために用いる慣習を追究した。同様に、クロスリーは、ジョン・ダイヤモンド（Diamond, 2001）が日記（『ロンドンタイムズ』の週刊コラムとして始まったもの）によって、口腔ガンを患った自身の生と死の経験を他者に理解してもらい伝えようとしたようすを分析した。クロスリーは、ダイヤモンドの「日記」を、ダイヤモンドが自分の経験を人に伝えるために書いたテキストとみなした。

批判的現実主義

社会構成主義は相互作用を支える慣習を追究するが、必ずしも、日記に含まれているかもしれない知識を徹底的に究明しようとするものではない。たとえば、テイラー（Taylor, 1982）の研究は、社会的慣習が自殺という死の公的分類に根拠を与えるようすを見出しているが、彼自身が認めるように、このことは自殺という現実を変えるものではない。同様に、ジョン・ダイヤモンドの日記を用いた慣習の分析が、彼が口腔ガンで死んだという事実を変えるわけでもない。批判的現実主義は、現実のこうした異なる側面を統合しようとする試みである。すなわち、現実の一つの姿が「人間によってつくられ、社会的に生み出された〈社会的構築物〉や、抽象的、文化的な人工物と制度」(Ilkka, 2002) から成っているという意識と、現実の他の姿はこのような構築物とは独立に存在し、科学理論はそうした現実に関する真実に近づこうと試みるという意識とを、統合しようとする。科学理論がそうした現実をまったく捕捉できていないというわけではない。「よくできた科学理論は概して正しくはなくても〈真実に近い〉」(Ilkka, 2002) とはいえる。したがって、批判的現実主義では、現実に関する真の情報を捕捉するための理論開発が重要視される。

科学的現実主義者は、理論を、実証的観察の限界を超えて、現実の真の性質を明らかにしようとする試みであると考える。理論は、自明のこととみなす理論的実体が実在し、その実体を説明するものが真実であるという意味で、理論は「認知的に成功」しなければならない。このように、現実主義者にとって科学の基本目標は「現実に関する真の情報」である。もちろん現実主義者は、経験主義者と同様に経験的成功を高く評価する。しかし、現実主義者にとって、理論の正しさは、適切な科学的説明の前提条件である。(「 」は原文のまま、Ilkka, 2002)

このようなアプローチを使えば、研究者は、日記に記録されたデータを、単なる事実の集積以上のものとみなすこと、すなわち、社会的慣習を支えることの理解につながる社会的構成物とみなすことが可能になる。それは、理論の発展に寄与しうる生の素材である。日記の書かれる過程はそうした素材を形にし、合わせて、日記は日記の外側にある現実をどう見ているのかを検証するために精査することにも使える。クラークソン（Clarkson, 2003）が述べているように、日記は文書記録であり、そのようなものとして注意深く扱うならば、理論化に用いることができる。

日記を系統的に精査し、また、書かれている文脈を十分考慮しさえすれば、収集されたデータは、作者が生きた世界の社会的リアリティを理論化するための貴重なソースとなる。もちろん、異文化に関する人類学理論の多くは、日誌すなわちフィールドノーツの内容を理論化することで導き出されてきたが、その過程自体は、マリノフスキーやリードのテキストを分析したギアーツ（Geertz, 1988）の研究にきわめて分かりやすく示されている。バーレー（Barley, 1986）のフィールドワークの報告書は、個人的伝記という文脈の中に日記を位置づけることで、理論化を分かりやすいものにしようとした試みである。

日記データは、社会的リアリティのさまざまな面に関する理論化に利用できるが、とりわけ時間経過による変化に関するデータ源として重要である。ポロック（Pollock, 1983）は、四百年にわたる文書記録を利用して、時代とともに、子供に対する親の接し方がやさしくなり、平等になってきているという理論に、確固とした反論をすることができた。

日記データは、もちろん、現代の社会的リアリティに関する理論化にも利用でき、おそらく、性や病気のような領域にかかわる私的で極めて個人的な問題に近づく際に力を発揮する。「シグマプロジェクト」の日記は、男性とセックスする男性の性行動に関する非常に厚いデータを生み出した。コクソン（Coxon, 1996）は、そのデータを使って、一つの重要な事実、一九九〇年代に危険な性行動が増えたことを説明するために登場した理論を深く考察した。彼は二つの主要な理論を見いだした。一つは「後戻り（relapse）理論」である。この理論は、ＨＩＶ感染によるリスクが最初に明らかになったとき、安全なセックスを取り入れてきたゲイ男性の少ないながらもかなりの人数が無防備なセックスに後戻りすると仮定した。二つ目は「交渉による安全」理論であり、パートナーとのあいだで、ここまでならかまわないとするリスク水準に関する合意がなされる、というものである。コクソンによれば、二つの理論とも、シグマプロジェクトの日記で得られたデータを説明しえるものではなかったという。二つの理論はどちらも、実際には、文脈に応じてかなり変化する行動を、ともすれば標準的説明に終始し、認知過程を過度に重視していた。彼はつぎのように書いている。

しばしば、「３Ｄ理論」の方が現実に近い説明をしている。つまり、「暗くて（dark）、酔っていたので（drunk）、コンドームをつけなかった（didn't have）」というのである。（Coxon, 1996）

コメント

日記はさまざまな方法で利用することができる。日記が提示してくれる、また、近づきうる知識のタイプは、その利用方法に依存する。実証主義学派に立って研究が行なわれる場合（多くの実験研究や調査研究はこの伝統に属する）、知識の性質にはほとんど関心が払われない。事実は実質的に自明のものとされ、確認も容易にできる。そこで重視されるのは、歪みとバイアスを最小化し、収集された事実の正確さを最大化する技法である。対照的に、社会構成主義派に属する研究者は、「事実」を本来、問題に満ちたものとみなして、表面下を探ることに関心がある。つまり、スクリーンの裏側をのぞいて、自殺率という事実がどのようにつくられるかを探ろうとする。批判的現実主義派に属する研究者は中間的な位置にいる。彼らは、実証主義者のように、真実への到達に関心をもっているものの、実証主義者と違い、すべての真実がたやすく得られるとは思っていないし、それが可能であるとも考えていない。理論はあくまでも近似にすぎないことを彼らは認識している。理論は真実そのものではなく、常に改良を施され、発展していくものである。

確認ボックス6・3　日記と知識

	実証主義者	社会構成主義者	批判的現実主義者
知識の性質	事実	社会的構成概念	誤りがちな真実に近い理論
研究者の役割	事実を集めて分類する	社会的構成概念を支える規則と慣習を明らかにする	できる限り真実に近い理論を開発する
日記の使い方	事実のソース	分析することでテキストの構造に関する手がかりが得られる	理論化のための生の素材

◇最終コメント◇

日記は、それ自体とても魅力的な文書記録であり、現代社会のなかで一定の役割と価値を有している。日記の多くは必要性にかかわりなく読むことができるし、そう扱うべきである。日記は、社会研究はもとよりさまざまな分野の研究にとって重要なリソースでもある。日記はていねいに扱われなければならないし、また安価な手法でも、必ずしも使いやすい手法でもない。けれども、日記は単独で用いても、他の方法との組み合わせで用いても、ユニークな情報をもたらしてくれる。

日記研究のために——訳者あとがきに代えて

日付で区切られた個人記録を「日記」と呼ぶならば、いま私たちは「日記」時代、「分記」「秒記」時代のただなかにいる。ネット上にあるブログ（山下・川浦・川上・三浦、二〇〇五）や、SNS日記といった各種のオンライン日記、そして分単位、秒単位で書かれるツイッターを含めると、「その日」「その瞬間」を記録した個人テキストは増える一方である。それらの「日記」は、書かれた時点でつぎつぎと読まれていく。その点でも、これらは従来の紙日記と異なる。いわば「自己を綴る」とともに「他者に語る」「その都度語る」日記の台頭である（川浦、二〇〇〇）。

もちろん、こうした日記に対して「日記ではない」とする意見もある。日記は本来、他人の目にふれるものではないという固定観念があるからだ。だが書いた時点で、それは他人に見られる可能性を作り出す。しかも自己開示効果など、日記を書くことで得られる効用を考慮すれば、そう狭くとらえる必要もない。むしろ拡大解釈した方がいいのではないだろうかという気さえする。

こうして、広く読まれる同時進行形の個人テキストは、「日記」について考えなおすきっかけを私たちにもたらしている。

研究対象としての日記

日記は身近な自己表現の手段、自己記述の場であり、誰しも一度はつけたことがあるのではないだろうか。小学校時代に絵日記をつけた経験、正月に「今年こそは毎日、日記を書こう」と誓った人、なかには友だち同士で交換日記（本田、一九九六）をしたという人もいるだろう。

日記は身近な存在でありながら、研究対象として正面から取り上げられることはほとんどなかった。（日記の分類については、山下ら（二〇〇五）を参照されたい）

心理学者のオルポート（Allport, 1942）は、「自発的な、心の日記は、いちだんとすぐれた個人的ドキュメント」であり、「とりわけ青年時代にとっては、それは不可欠な、まったくかけがえのない資料源である」（訳は大場〈一九七〇〉による）と位置づけ、青年期における心の日記（journal intime）に注目した。オルポートの評価を受け、プラマー（Plummer, 1983）は日記の特徴をつぎのように整理する。

日記は「日記作者にとって意味のある、しかも同時期に現下に起った公私両方の出来事の流れを、そのまま書き留めているものである。〈同時期に起った〉という言葉は、ここでは非常に重要である。なぜなら、生活史と違って日記に記載されたそれぞれの事柄は、折りにふれて書き留められたものだからである。つまり、それらは過去についての感想を〈にわかに〉思い起したのではなく、絶えず変化する現在を日々記録しようと努められたものである」（訳は原田ら〈一九九一〉による）。

それにもかかわらず、日記の心理学的・社会学的研究は限られている。それはなぜなのだろうか。

一つは、研究材料である肝腎の日記が入手困難であることだ。作家や政治家の日記のように、多くの場合、公開を前提に書かれた日記であれば一定数存在する。だが、それらの書き手は往々にしてリテラシーや職業、社会経済的地位において限られた人たちである（日記をつける人は特殊な人であるとの指摘もなされるが、つけない人も同様に特殊な人かもしれない）。

見田（一九六七）は、民衆の心情を表現する記号には二つの系列があるとし、流行歌や大衆文学、映画などの「大衆芸術」とともに、投書や投稿、手紙、日記、生活記録などの「民衆自身の手によって書かれたドキュメント」をあげている。ただ、後者の民衆自身によるドキュメントに対する評価は低い。民衆の書いた「ドキュメント」の方が、いっそう直接に時代の民衆の心情を表現するように見えるけれども、事実はそれほど単純ではない。（略）これらの記録は、〈書く〉能力と心の用意を前提としている以上、それは多くの時代においては、現実の生活者大衆からなかば上昇した知的大衆の心意を表現するにすぎない」。こうした理由から、彼は分析対象として流行歌の歌詞を選びとった。確かに「ふつうの人」の日記を入手することは難しいかもしれない。身近な人の遺品から、あるいは古書店や骨董屋で入手するしかないからだ。

個人の「主観的」記録は研究に供しないという見方も、日記の研究利用を踏みとどまらせてきた。書かれていることが真実である保証もなければ、書かれていないことについて知る術もないからだ。

日記に対するこれらの思い込みが、結果として研究方法としての発展を妨げてきたのではないだろうか。だが、ここで考えてみよう。たとえ書き手が限られた一部の人であるとしても、その人が、ある特定の社会で生きている以上、日記にはその時代のようすや、人びとのようすが直接的ないし間接的に描かれる。もとより、すべての点で平均的生活を送る平均的人間など存在するはずもなく、誰を取り上げても一人一人特殊な存在なのである。もちろん日記に書かれていることがすべて真実とは限らないとしても、そこにあるのは、その人の思想や行動そのものではなく、その人がそう書いているという事実だけである。しかし、これは日記固有の制約ではなく、書くのが本人である限り、常につきまとう特徴である。つまり質問紙法や面接法についても、同様の問題は存在しうる。そう考えれば、日記を排除するのではなく、研究対象として活用する道を模索することが重要ではないだろうか。

研究法としての日記

日記は「自己観察」(Rodriguez and Ryave, 2002) の一手段であり、それを研究方法として位置づけるならば、アラシェフスカも指摘するように、研究法としての日記には、〈(研究者からの) 執筆要請〉と〈様式の構造性〉という二つの次元がある。この二つを組み合せると、**表1**に示すような四タイプの日記が得られる。

研究と関係なく書かれたふつうの日記 (表1の④)、研究と無関係に書かれ、決まった記入項目のある日誌のような日記 (同じく③)、研究データとして一定期間書いてもらう日記のうち決まった書式のない日記 (同じく②)、研究データとして書いてもらう日記のうち、あらかじめ決められた記入項目を

表1　研究法としての日記の分類

研究者からの執筆要請	日記様式の構造性	
	ある	ない
ある	①要請された構造化日記（研究者に依頼されて書かれ，決まった記入項目がある）	②要請された非構造化日記（研究者に依頼されて書かれるが，書き方は自由である）
ない	③既存の構造化日記（研究と無関係に書かれた日記で，決まった記入項目がある）	④既存の非構造化日記（研究と無関係に書かれた，ふつうの自由な日記）

含む日記（同じく①）の四つである。①と②は、観察法の一部に含まれる（Bolger, Davis, and Rafaeli, 2003：釘原、二〇〇九）。

観察法としての日記すなわち要請型日記（表1の①と②、釘原〈二〇〇九〉）は、携帯電話など電子機器の利用を前提とした経験サンプリング法（Experience sampling method: ESM〈Hektner, Schmidt, and Csikszentmihalyi, 2006〉）として発展している。経験サンプリング法とは、チクセントミハイとラーソン（Csikszentmihalyi and Larson, 1987、Csikszentmihalyi, 1991）によって開発されたデータ収集法で、当初はランダムに実験参加者の受信器に信号を送り、その時点における感情や行動を記録してもらう方法だった。その後、信号の送信タイミングを問わない使い方、記録対象の多様化が進み、現在ではさまざまな分野で用いられている（たとえば、Consolvo and Walker, 2003）。日記を日常行動の客観的記録と位置づけるのであれば、行動や状態の自動記録（ライフログなど）も日記研究に含めてもいいかもしれない（Bell and Gemmell, 2009）。

日記が電子テキスト化されていると、テキストマイニング（文章自動解析）ソフトが適用できる。最も単純な出力は語彙ごとの出現頻度であるが、それだけでも有用な情報をもたらしてくれる。フリーソフトもいくつか公開されているので、気楽に使うことができる。なかでも、樋口（二〇一一）の開発したKHcoderと、松村（松村・三浦、二〇〇九）の開発したttmは秀逸である。

本書では分析用ソフトとして、ATLAS．tiが引用、紹介されているが、これはQDA（質的データ分析）ソフトの一種である。このQDAソフト全般については、佐藤の一連の著作（二〇〇六、二〇〇八a、b）で詳述されている。またATLAS．tiの使用法全般については、開発元による「クイックツアー」（ATLAS、二〇一〇）がわかりやすい。同サイトには試用版も登録されていて（http://www.atlasti.com）、無料で試すことができる。ATLAS．tiは高額製品であり、それだけに試用が欠かせない。同ソフトによる実際の分析過程については、深堀（二〇〇八a、b）が詳述している。QDAにはフリーソフトもあり、それらを含めたQDAソフトの最新情報が野口のブログ「杞右の杞憂」で得られる（http://blog.livedoor.jp/jaco_pastorius/archives/5184518.html）。

日記研究の素材は、従来の紙日記や出版された日記（電子化されたものも含む）に加え、有名無名のブログがある。前者の目録として、日外アソシエーツの編集による『日記書簡集解題目録』がある（日外アソシエーツ編集部、一九九七、一九九八）。明治期から一九九七年までの日記がカバーされ、作家や芸術家七五六人分と、政治家・思想家九六八人分の日記が収録されている。この他、便利な日記リストとして、「月刊Ａｓａｈｉ」一九九三年一・二月合併号、「人生読本『日記』」がある。日記本体については、著作権の消滅したもの（作者の没後五〇年以上）が青空文庫（http://www.aozora.gr.jp）で読んだり、ダウンロードしたりでき、各種の分析ソフトが適用可能である。

最後に、訳稿の完成をひたすら待ち続けてくれた誠信書房、とりわけ編集部の松山由理子さんと佐藤道雄さんに感謝の言葉を贈りたい。小学校以来、断続的ながら日記をつけてきた訳者にとって、今回の翻訳は、これまでの自分を振り返る格好の機会でもあった。顔の見える「等身大」の記録、そして、波瀾万丈ではないけれど二度と帰ることのない日々を意識することの重要性が共有できれば、幸いである。

二〇一一年二月

訳者を代表して　川浦康至

引用文献

- Allport, G. W.（1942）*The use of personal documents in psychological science.* Social Science Research Council.〔大場安則訳（一九七〇）『心理科学における個人的記録の利用法』培風館〕
- ＡＴＬＡＳ.ｔｉ ＧｍｂＨ（二〇一〇）ＡＴＬＡＳ.ｔｉ６クイックツアー〈http://www.atlasti.com/uploads/media/QuickTour_a6_jp_01.pdf〉
- Bell, G. and Gemmell, J.（2009）*Total recall.* Dutton Adult.〔飯泉恵美子訳（二〇一〇）『ライフログのすすめ』早川書房〕
- Bolger, N., Davis, A., and Rafaeli, E.（2003）Diary methods: Capturing life as it is lived. *Annual Review of Psychology,* 54, 579-616.〈http://class.herron.iupui.edu/weblogs/experience/BDR-2003.pdf〉
- Consolvo, S. and Walker, M.（2003）Using the experience sampling method to evaluate ubicomp applications. *IEEE Pervasive Computing,* 2(2), 24-31.〈http://www.seattle.intel-research.net/pubs/final-ESM-pub-with-Walker.pdf〉
- Csikszentmihalyi, M.（1991）*Flow.* Harper Perennial.〔今村浩明訳（一九九六）『フロー体験』世界思想社〕
- Csikszentmihalyi, M., and Larson, R. W.（1987）Validity and reliability of the experience sampling method. *Journal of Nervous and Mental Disease,* 175, 526-536.
- 深堀浩樹（二〇〇八ａ）質的データ分析支援用ソフトウェアＡＴＬＡＳ.ｔｉを使ってみようグラウンデッドセオリーアプローチに焦点を当てて（その１）「看護教育」四九巻三号、二四二―二五二
- 深堀浩樹（二〇〇八ｂ）質的データ分析用ソフトウェアＡＴＬＡＳ.ｔｉを用いた分析の実際〈http://www.atlasti.com/fileadmin/atlasti/downloads/ATLAS.ti_JapanesePresentation_200811.pdf〉

・『月刊Ａｓａｈｉ』一九九三年一・二月合併号「保存大特集——日本近代を読む日記大全」

・Hektner, J.M., Schmidt, J.A., and Csikszentmihalyi, M.（Eds.）.（2006）*Experience sampling method.* Sage.

・樋口耕一（二〇一二）ＫＨ　ｃｏｄｅｒ〈http://khc.sourceforge.net〉

・本田和子（一九九六）『交換日記』岩波書店

・「人生読本『日記』」一九七九年　河出書房新社

・川浦康至（編）（二〇〇〇）『日記コミュニケーション』至文堂

・釘原直樹（二〇〇九）観察法　安藤清志・村田光二・沼崎　誠（編）『新版社会心理学入門』東京大学出版会　一六三—一八七

・松村真宏・三浦麻子（二〇〇九）『人文・社会科学のためのテキストマイニング』誠信書房

・見田宗介（一九六七）『近代日本の心情の歴史』講談社

・日外アソシエーツ編集部（一九九七）『日記書簡集解題目録Ⅰ——作家・芸術家』日外アソシエーツ

・日外アソシエーツ編集部（一九九八）『日記書簡集解題目録Ⅱ——政治家・思想家』日外アソシエーツ

・Plummer, K.（1983）*Documents of life.* George Allen & Unwin.〔原田勝弘・下田平裕身・川合隆男監訳（一九九一）『生活記録の社会学』光生館〕

・Rodriguez, N. and Ryave, A. L.（2002）*Systematic self-observation.* Sage.〔川浦康至・田中　敦訳（二〇〇六）『自己観察の技法』誠信書房〕

・佐藤郁哉（二〇〇六）『定性データ分析入門』新曜社

・佐藤郁哉（二〇〇八ａ）『質的データ分析法』新曜社

・佐藤郁哉（二〇〇八ｂ）『実践質的データ分析入門』新曜社

・山下清美・川浦康至・川上善郎・三浦麻子（二〇〇五）『ウェブログの心理学』ＮＴＴ出版

付録——演習問題

本書には各章の最後に演習問題がついている。その教材は当然ながら英語の日記が大半を占めるため、日本の読者には無理があり、第1章の日本版演習問題を作成した。リスト中の日記は、訳者自身が読んだもの、日記論でよく取り上げられるものの中から選んだもので、教材例としてみてただきたい。

以下のリストから日記を三点選び、それらをある程度読み、以下の問いに答えよ。

（1）その日記は、いつ（どんな時期に）、どのような目的で書かれたのか。
（2）各記事はどのような構造を持ち、どのように書かれているか。
（3）取り上げた日記間の共通点は何か。
（4）取り上げた日記間の相違点は何か。

リストA 歴史的日記

・古典日記（一〇世紀から一一世紀）

紀貫之『土佐日記』
和泉式部『和泉式部日記』

菅原孝標女『蜻蛉日記』　清少納言『枕草子』
藤原定家『明月記』　紫式部『紫式部日記』

・近代日記（明治維新から第二次大戦前後）

石川啄木『ローマ字日記』など　永井荷風『断腸亭日乗』など
夏目漱石『漱石日記』　樋口一葉『樋口一葉日記』
古川緑波『古川ロッパ昭和日記』など　正岡子規『仰臥漫録』

・旅行記

河口慧海『チベット旅行記』　笹森儀助『南嶋探検』
松浦武四郎『蝦夷日誌』

・政治家の日記

大久保利通『大久保利通日記』　鳩山一郎『鳩山一郎・薫日記』上巻
原敬『原敬日記』

・戦争日記

内田百閒『東京焼盡』　清沢洌『暗黒日記』
高見順『終戦日記』　徳川夢声『無声戦争日記』
山田風太郎『戦中派不戦日記』など

リストB　現代の日記（第二次大戦以後）

・文学者などの日記

植草甚一『植草甚一日記』　大岡昇平『成城だより』

さくらももこ『ももこの21世紀日記』　須賀敦子「日記」（須賀敦子全集七巻）

武田百合子『富士日記』など　山口瞳『還暦老人ボケ日記』など

・ジャーナリストの日記

小和田次郎『デスク日記』　木佐木勝『木佐木日記』

竹信三恵子『ミボージン日記』

・政治関連日記

石橋湛山『石橋湛山日記』　入江相政『入江相政日記』

佐藤栄作『佐藤栄作日記』

・青春日記

青木正美『青春さまよい日記』　高野悦子『二十歳の原点』など

浮谷東次郎『オートバイと初恋と』

・闘病・介護日記

大島みち子『若きいのちの日記』　草間俊介『白血病「治療」日記』

絵門ゆう子『絵門ゆう子のがんとゆっくり日記』

柳原和子『百万回の永訣』　内山みち子『介護される側の日記』

・夢日記

島尾敏雄『記夢志』など　正木ひろし『夢日記』

・（書籍化された）ブログ

森博嗣『すべてがEになる』など　眞鍋かをり『眞鍋かをりのココだけの話』

・その他

神谷美恵子『神谷美恵子日記』など　佐藤優『獄中記』

坂口三千代『クラクラ日記』　安本末子『にあんちゃん』

訳者紹介

川浦康至（かわうら　やすゆき）
東京経済大学コミュニケーション学部教授（社会心理学，コミュニケーション論）

1951 年長野市生まれ。東京都立大学人文科学研究科博士課程修了（心理学専攻）。日本システム開発研究所，電気通信総合研究所，横浜市立大学を経て，現職に至る。関連著作に『日記コミュニケーション』至文堂（編著），『自己観察の技法』誠信書房（共訳），『ウェブログの心理学』NTT 出版（共著）がある。

田中 敦（たなか　あつし）
プログラマー，翻訳家

1951 年長野県生まれ。名古屋大学工学研究科修士課程修了（原子核工学専攻）。動力炉・核燃料開発事業団，富士通，情報処理振興事業協会を経て，現職に至る。主な訳書に『自己観察の技法』誠信書房（共訳），『なぜ，週 4 時間働くだけでお金持ちになれるのか？』青志社がある。

索　引

文 献

Acton, C. (2003) Conversational analysis, in R.L. Miller and J.D. Brewer (eds) *The A–Z of Social Research*, Sage, London, pp. 48–53.

Alaszewski, A. and Alaszewski, H. (2005) Stroke and younger people: a longitudinal study of post-stroke normalisation and rehabilitation, http://www.kent.ac/chss/frames/index.dtm. accessed 20 September 2004.

Alaszewski, A., Alaszewski, H., Ayer, S. and Manthorpe, J. (2000) *Managing Risk in Community Practice: Nursing, Risk and Decision Making*, Balliere Tindall, Edinburgh.

Alaszewski, H., Alaszewski, A., Potter, J., Penhale, B. and Billings, J. (2003) Life after stroke: reconstructing everyday life, CHSS, University of Kent, Canterbury, http://www.kent.ac.uk/chss/pages/docs/stroke.pdf.

Altschuler, E.L. (2001) One of the oldest cases of schizophrenia in Gogol's *Diary of a Madman*, *British Medical Journal*, December, 323, pp. 1475–7.

Anne Frank House (n.d.) *A Museum with a Story*, Anne Frank House, Amsterdam.

Arksey, L. (1983) *American Diaries: an Annotated Bibliography of Published American Diaries and Journals*, vol. 1, Gale Research, Detroit, MI.

Arksey, L. (1986) *American Diaries: an Annotated Bibliography of Published American Diaries and Journals*, vol. 2, Gale Research, Detroit, MI.

Armstrong, H. (2005) Unleashing the inner monologue, http://www.dooce.com, accessed 8 February 2005.

Atkinson, R. and Flint, J. (2003) Sampling, snowball: accessing hidden and hard-to-reach populations in R.L. Miller and J.D. Brewer (eds) *The A–Z of Social Research*, Sage, London, pp. 274–80.

Backsheider, P.R. (ed.) (1992) *Daniel Defoe: a Journal of the Plague Year*, Norton, New York.

Bain, J.D., Ballantyne, R., Packer, J. and Mills, C. (1999) Using journal writing to enhance student teachers' reflexivity during field experience placements, *Teachers and Teaching: Theory and Practice*, 5, pp. 51–73.

Bale, T. (1999) Dynamics of a non-decision: the 'failure' to devalue the pound, 1964–7, *Twentieth Century British History*, 10, pp. 192–217.

Barbellion, W.N.P. (1919) *Journal of a Disappointed Man*, Chatto and Windus, London.

Barley, N. (1986) *The Innocent Anthropologist: Notes from a Mud Hut*, Penguin, Harmondsworth.

Beaglehole, J.C. (1988a) *The Journals of Captain James Cook on his Voyages of Discovery: the Voyage of the Endeavour, 1768–1771, Part One*, Kraus Reprint, Millwood, NY.

Beaglehole, J.C. (1988b) *The Journals of Captain James Cook on his Voyages of Discovery: the Voyage of the Resolution and Discovery, 1776–1780, Part Four*, Kraus Reprint, Millwood, NY.

Beales, D. (1982) Gladstone and his diary: 'Myself, the worst of all interlocutors', *The Historical Journal*, 25, pp. 463–9.

Becker, H.S. (2002) The life history and the scientific mosaic, in D. Weinberg (ed.) *Qualitative Research Methods*, Blackwell, Oxford, pp. 79–87.

Bennett, A. (1998) *Writing Home*, Faber and Faber, London.

Berman, H.J. (1988) Admissible evidence: geropsychology and the personal journal, in S. Reinharz and G.D. Rowles (eds) *Qualitative Gerontology*, Springer, New York, pp. 47–63.

Biernacki, P. and Wald, W. (1981) Snowball sampling: Problems and techniques of chain referral sampling, *Sociological Methods and Research*, 10, pp 141-63.

Blaikie, N. (2000) *Designing Social Research*, Polity, Cambridge.

Bolger, N., Davis, A. and Rafaeli, P. (2003) Diary methods: capturing life as it is lived, *Annual Review of Psychology*, 54, pp. 579–616.

Botankie, E. (1999) Seventeenth-century Englishwomen's spiritual diaries: self-examination, covenanting, and account keeping, *Sixteenth Century Journal*, 30, pp. 3–21.

Botting, B. (2003) *Family Spending: a Report on the 2001–2002 Expenditure and Food Survey*, Stationery Office, London.

Boulton, J.T. (ed.) (1991) *Daniel Defoe: Memoirs of a Cavalier*, Oxford University Press, Oxford.

Bowling, A. (2002) *Research Methods in Health: Investigating Health and Health Services*, 2nd edn, Open University Press, Maidenhead.

Bowring, R. (1982) *Murasaki Shikubu: Her Diary and Poetic Memoir*, trans. and ed. R. Bowring, Princeton University Press, Princeton, NJ.

Brewer, J. (2003a) Positivism, in R.L. Miller and J.D. Brewer (eds) *The A–Z of Social Research*, Sage, London, pp. 235–7.

Brewer, J. (2003b) Content analysis, in R.L. Miller and J.D. Brewer (eds) *The A–Z of Social Research*, Sage, London, pp. 43–5.

Brewer, J. (2003c) Induction, in R.L. Miller and J.D. Brewer (eds) *The A–Z of Social Research*, Sage, London, pp. 154–6.

Brewer, J. (2003d) Deduction, in R.L. Miller and J.D. Brewer (eds) *The A–Z of Social Research*, Sage, London, pp. 67–9.

Brown, J. (2005) The drooling minutiae of childhood revealed for all to see as 'Mommy blogs' come of age, *The Independent*, 5 February, p. 7.

Bryman, A. (2001) *Social Research Methods*, Oxford University Press, Oxford.

Carter-Ruck, P.F., Skone James, E.P. and Skone James, F.E. (1965) *Copyright*, Faber and Faber, London.

Charmaz, K. (2000) Grounded theory: objectivist and constructivist methods, in N.K. Denzin and Y.S. Lincoln (eds) *Handbook of Qualitative Research*, Sage, London, pp. 509–35.

Charmaz, K. (2003) Grounded theory: objectivist and constructivist methods, in N.K. Denzin and Y.S. Lincoln (eds) *Strategies of Qualitative Inquiry*, Sage, Thousand Oaks, CA, pp. 249–91.

Clarkson, L. (2003) Documentary sources, in R.L. Miller and J.D. Brewer (eds) *The A–Z of Social Research*, Sage, London, pp. 80–3.

Cochrane, A.L. (1972) *Effectiveness and Efficiency: Random Reflections on Health Services*, The Nuffield Provincial Hospitals Trust, London.

Cooper, C. (2003) Analysis of variance (ANOVA), in R.L. Miller and J.D. Brewer (eds) *The A–Z of Social Research*, Sage, London, pp. 9–12.

Corti, L. (1993) Using diaries in social research, *Social Research Update*, issue 2, University of Surrey, Guildford, http://www.soc.surrey.ac.uk/sru/SRU2.html.

Corti, L. (2003) Diaries, self-completion, in R.L. Miller and J.D. Brewer (eds) *The A–Z of Social Research*, Sage, London, pp. 69–74.

Corti, L., Foster, J. and Thompson, P. (2003) Qualitative research data, archiving, in R.L. Miller and J.D. Brewer (eds) *The A–Z of Social Research*, Sage, London, pp. 241–6.

Coxon, A.P.M. (1982) *The Users' Guide to Multidimensional Scaling*, Heinemann, London.

Coxon, A.P.M. (1996) *Between the Sheets: Sexual Diaries and Gay Men's Sex in the Era of AIDS*, Cassell, London.

Coxon, A.P.M. (1999) Parallel accounts? Discrepancies between self-report (diary) and recall (questionnaire) measures of the same sexual behaviour, *Aids Care*, 11, pp. 221–34.

Coxon, A.P.M. and McManus, T.J. (2000) How many account for how much? Concentration of high-risk sexual behaviour among gay men, *Journal of Sex Research*, 37, pp. 1–7.

Craggs, A. (2003) *Family Spending: a Report on the 2002–2003 Expenditure and Food Survey,* The Stationery Office, London.

Crossley, M.L. (2003) 'Let me explain': narrative emplotment and one patient's experience of oral cancer, *Social Science and Medicine*, 56, pp. 439–48.

Crossman, R. (1977) *The Diaries of a Cabinet Minister. Volume Three, Secretary of State for Social Services 1968–70*, Hamilton and Cape, London.

Darwin, C. (1888) *A Naturalist's Voyage: Journal of Researches into the Natural History and Geology of the Countries Visited during the Voyage of H.M.S. 'Beagle' round the World*, Murray, London.

Darwin, C. (1951) *The Origin of Species by Means of Natural Selection or, the Preservation of Favoured Races in the Struggle for Life, a Reprint of the 6th Edition 1888*, Oxford University Press, Oxford.

de la Bédoyère (ed.) (1994) *The Diary of John Evelyn*, Headstart History, Bangor.

de Munck, V.C. (1998) Participant observation: a thick explanation of conflict in a Sri Lankan village, in V.C. de Munck and E.J. Sobo (eds) *Using Methods in the Field: a Practical Introduction and Casebook*, AltaMira, Walnut Creek, CA, pp. 39–54.

Denzin, N.K. and Lincoln, Y.S. (2000) Introduction: the discipline and practice of qualitative research, in N.K. Denzin and Y.S. Lincoln (eds) *Handbook of Qualitative Research*, Sage, London, pp. 1–28.

Diamond, J. (1999) *Because Cowards get Cancer Too*, Vermilion, London.

Diamond, J. (2001) *Snake Oil and Other Preoccupations*, Vintage, London.

Durkheim, E. (1952) *Suicide: a Study in Sociology*, Routledge and Kegan Paul, London.

Elliott, H. (1997) The use of diaries in sociological research on health experience, *Sociological Research Online*, 2 (2), http://www.socresonline.org.uk/socresonline/2/2/7.html, accessed 1 July 2004.

Emerson, R.M., Fretz, R.I. and Shaw, L.L. (1995) *Writing Ethnographic Fieldnotes*, University of Chicago Press, Chicago.

ESDA Qualidata (2005) About ESDA Qualidata, http://www.esds.ac.uk/qualidata/about/introduction.asp, accessed 28 February 2005.

Fetterman, D.M. (1998) *Ethnography: Step by Step*, 2nd edn, Sage, Thousand Oaks, CA.

Fielding, N. (1993) Ethnography, in N. Gilbert (ed.) *Researching Social Life*, Sage, London.

Firth, R. (1989) Introduction, in B. Malinowski *A Diary in the Strict Sense of the Word*, Athlone, London.

Fitzpatrick, R., Davey, C., Buxton, M.J. and Jones, D.R. (2001) Criteria for assessing patient based outcome measures for use in clinical trials, in A. Stevens, K. Abrams, J. Brazier, R. Fitzpatrick and R. Lilford (eds) *The Advanced Handbook of Methods in Evidence Based Healthcare*, Sage, London, pp. 181–94.

Foster, J. and Sheppard, J. (1995) *British Archives: a Guide to Archive Resources in the UK*, 3rd edn, Macmillan, London.

Fothergill, R.A. (1974) *Private Chronicles: a Study of English Diaries*, Oxford University Press, London.

Foucault, M. (1979) What is an author?, in J.V. Harari (ed.) *Textual Strategies*, Ithaca, NY, pp. 149–50.

Fox, R.C. (1957) Training for uncertainty, in R.K. Merton, G.G. Reader and P.L. Kendall (eds) *The Student-Physician: Introductory Studies in the Sociology of Medical Education*, Harvard University Press, Cambridge, MA, pp. 207–41.

Frank, A. (1997) *The Diary of a Young Girl: the Definitive Edition*, ed. Otto H. Frank and Mirjam Presler, trans. Susan Massotty, Penguin, London.

Frank, O. (1997a) Foreword, in *The Diary of a Young Girl: the Definitive Edition*, ed. Otto H. Frank and Mirjam Presler, trans. Susan Massotty, Penguin, London, pp. v–viii.

Frank, O. (1997b) Afterword, in *The Diary of a Young Girl: the Definitive Edition*, ed. Otto H. Frank and Mirjam Presler, trans. Susan Massotty, Penguin, London, pp. 337–9.

Franzoni, R. (2004) *From Words to Numbers: Narrative, Data, and Social Sciences*, Cambridge University Press, Cambridge.

Geertz, C. (1988) *Works and Lives: the Anthropologist as Author*, Polity, Cambridge.

Gladstone, W.E. (1896) Gladstone to Purcell, 14 January 1896, in D.C. Lathbury (ed.) *Correspondence on Church and Religion of William Ewart Gladstone*, vols 1 and 2, London, 1910.

Gogol, N. (1972) *Diary of a Madman and Other Stories*, trans. with intro. R. Wilks, Penguin, London.

Goris, J.-A. and Marlier, G. (1970) *Albrecht Dürer: Diary of his Journey to the Netherlands 1520–1521*, intro. J.-A. Goris and G. Marlier, Lund Humphries, London.

Grady, C. (n.d.) Payment of research participants, http://www.bioethics.nih.gov/research/humanres/payment.pdf, accessed 18 February 2005.

Grady, C. (2001) Money for research participation: does it jeopardize informed consent?, *American Journal of Bioethics*, 1, pp. 40–4.

Griffith, H. and Jordan, S. (1998) Thinking of the future and walking back to normal: an exploratory study of patients' experiences during recovery from lower limb fracture, *Journal of Advanced Nursing*, 28, pp. 1276–88.

Hammersley, M. and Atkinson, P. (1983) *Ethnography: Principles in Practice*, Tavistock, London.

Hammersley, M. and Atkinson, P. (1995) *Ethnography: Principles in Practice*, 2nd edn, Routledge, London.

Havlice, P.P. (1987) *And So to Bed: a Bibliography of Diaries Published in English*, Scarecrow, Metuchen, NJ.

Hockliffe, E. (ed.) (1908) *The Diary of Rev. Ralph Josselin, 1616–1683*, Cambridge Society, 3rd series, vol. xv.

Howell, E. (2002) *Gulliver's Travels* and *Robinson Crusoe* and the genre of travel writing, unpublished MA thesis, University of Leeds.

Huff, C.A. (1985) *British Women's Diaries: a Descriptive Bibliography of Selected Nineteenth-Century Women's Manuscript Diaries*, AMS Press, New York.

Humphreys, L. (1970) *Tearoom Trade: a Study of Homosexual Encounters in Public Places*, Duckworth, London.

Hunter Blair, P. (1977) *An Introduction to Anglo-Saxon England*, 2nd edn, Cambridge University Press, Cambridge.

Hyland, M.E., Kenyon, C.A, Allen, R. and Howarth, P. (1993) Diary keeping in asthma: comparison of written and electronic methods, *British Medical Journal*, 306, pp. 487–9.

Ilkka, N. (2002) *Critical Social Realism*, Oxford University Press, Oxford.

Janson, T. (2002) *Speak: a Short History of Languages*, Oxford University Press, Oxford.

Johns Hopkins Medicine (2004) Payment or remuneration to human participants, http://irb.jhmi.edu/Guidelines/Payment_Remuneration.html, accessed 18 February 2005.

Jones, H. (1994) Introduction: interpreting documents, in P. Catterall and H. Jones (eds) *Understanding Documents and Sources*, Heinemann, Oxford, pp. 5–9.

Jones, R.H. and Candlin, C.N. (2003) Constructing risk across timescales and trajectories: gay men's stories of sexual encounters, *Health, Risk and Society*, 5, pp. 199–213.

Jones, R.H., Kwan, Y.K. and Candlin, C.N. (2000) A preliminary investigation of HIV vulnerability and risk behavior among men who have sex with men in Hong Kong, City University of Hong Kong, Hong Kong, http://personal.cityu.edu.hk/~enrodney/Research/hiv_related_research.htm, accessed 29 July 2003 and 8 June 2004.

Jordan, W.K. (ed.) (1966) *The Chronicle and Political Papers of King Edward VI*, Allen and Unwin, London.

Jordanova, L. (2000) *History in Practice*, Arnold, London.

Kafka, F. (1976) *The Trial, America, The Castle, Metamorphosis, In the Penal Settlement, The Great Wall of China, Investigations of a Dog, Letter to his Father, The Diaries 1910–23*, Secker & Warburg/Octopus, London.

Kiernan, M. (ed.) (1985a) *Sir Francis Bacon, the Essayes or Counsels, Civill and Morall*, Clarendon, Oxford.

Kiernan, M. (ed.) (1985b) Introduction, in M. Kiernan (ed.) *Sir Francis Bacon, the Essayes or Counsels, Civill and Morall*, Clarendon, Oxford.

King, J. (1997) *Family Spending: a Report on the 1996–97 Family Expenditure Survey*, The Stationery Office.

Kitzinger, J. and Barbour, R.S. (eds) (1999) *Developing Focus Group Research: Politics, Theory and Practice*, Sage, London.

Kreuger, R. (1994) *Focus Groups: a Practical Guide for Applied Research*, 2nd edn, Sage, London.

Latham, R. (ed.) (1985) *The Shorter Pepys*, selected and ed. R. Latham, Bell and Hyman, London.

Latham, R. and Matthews, W. (eds) (1970a) The diary as history, in *The Diary of Samuel Pepys, Volume I, 1660*, Bells, London, pp. lxviii–xcvi.

Latham, R. and Matthews, W. (eds) (1970b) Previous editions, in *The Diary of Samuel Pepys, Volume I, 1660*, Bells, London, pp. lxviii–xcvi.

Lilford, R.J. and Stevens, A. (2001) Introduction: clinical trials, in A. Stevens, K. Abrams, J. Brazier, R. Fitzpatrick and R. Lilford (eds) *The Advanced Handbook of Methods in Evidence Based Healthcare*, Sage, London, pp. 7–9.

MacArthur, E. (2005) Audio and video clips, http://www.teamellen.com/ellen-article-1017.html, accessed 28 January 2005.

MacFarlane, A. (1970) *The Family Life of Ralph Josselin: a Seventeenth-Century Clergyman. An Essay in Historical Anthropology*, Cambridge University Press, Cambridge.

McClellan, J. (2005) Just do it … blog it, The *Guardian*, Thursday 5 May 2005, http://www.guardian.co.uk/online/story/0,,1476175,00.html, accessed 31 May 2005.

McColl, E., Jacoby, A., Thomas, L., Soutter, J., Bamford, C., Steen, N., Thomas, R., Harvey, E., Garratt, A. and Bond, J. (2001) The conduct and design of questionnaire

surveys in healthcare research, in A. Stevens, K. Abrams, J. Brazier, R. Fitzpatrick and R. Lilford (eds) *The Advanced Handbook of Methods in Evidence Based Healthcare*, Sage, London, pp. 247–71.

McCrum, R. (1998) *My Year Off: Rediscovering Life after a Stroke*, Picador, London.

Malinowski, B. (1966) *Coral Gardens and Their Magic*, Allen and Unwin, London.

Malinowski, B. (1989) *A Diary in the Strict Sense of the Word*, Athlone, London.

Marsh, C. (1982) *The Survey Method: the Contribution of Surveys to Sociological Explanation*, Allen and Unwin, London.

Matthews, W. (1945) *American Diaries*, University of California Press, Berkeley, CA.

Matthews, W. (1950) *British Diaries: an Annotated Bibliography of British Diaries Written between 1442 and 1942*, University of California Press, Berkeley, CA.

Merton, R.K. (1957) Some preliminaries to a sociology of medical education, in R.K. Merton, G.G. Reader and P.L. Kendall (eds) *The Student-Physician: Introductory Studies in the Sociology of Medical Education*, Harvard University Press, Cambridge, MA, pp. 3–79.

Merton, R.K., Reader, G.G. and Kendall, P.L. (eds) (1957) *The Student-Physician: Introductory Studies in the Sociology of Medical Education*, Harvard University Press, Cambridge, MA.

Meth, P. (2003) Entries and omissions: using solicited diaries in geographic research, *Area*, 35 (2), pp. 195–205.

Miller, K.A. (1985) *Emigrants and Exiles: Ireland and the Irish Exodus to North America*, Oxford University Press, New York.

Miller, R. (2003a) Sampling, probability, in R.L. Miller and J.D. Brewer (eds) *The A–Z of Social Research*, Sage, London, pp. 268–73.

Miller, R. (2003b) Statistical interaction, in R.L. Miller and J.D. Brewer (eds) *The A–Z of Social Research*, Sage, London, pp. 306–8.

Morgan, J. (1977) Editor's note, in R. Crossman, *The Diaries of a Cabinet Minister. Volume Three, Secretary of State for Social Services 1968–70*, Hamilton and Cape, London, pp. 9–12.

Morley, J. (1903) *The Life of William Ewart Gladstone*, vols 1–3, Macmillan, New York.

Morris, I. (ed.) (1970) *The Pillow Book of Sei Shonagon*, trans. and ed. Ivan Morris, Penguin, Harmondsworth.

Moser, C.A. and Kalton, G. (1971) *Survey Methods in Social Investigation*, 2nd edn, Heinemann, London.

Motion, A. (1993) *Philip Larkin: a Writer's Life*, Faber and Faber, London.

Muhr, T. (1997) *ATLAS/ti: User's Manual and Reference*, Scientific Software Development, Berlin.

Olivier Bell, A. (ed.) (1984) *The Diary of Virginia Woolf. Volume 5, 1936–41*, ed. Anne Olivier Bell, assisted Andrew McNeillie, Penguin, London.

Orton, J. (1986) *The Orton Diaries*, ed. J. Lahr, Methuen, London.

Papadopoulous, I. and Scanlon, K. (2002) The use of audio diaries with visually impaired people, *Journal of Visual Impairment and Blindness*, 96, pp. 456–59.

Parkin, D., McNamee, P., Jacoby, A., Miller, P., Thomas, S. and Bates, D. (2000) Treatment of multiple sclerosis with interferon beta: an assessment of cost-effectiveness and quality of life, *Journal of Neurology, Neurosurgery and Psychiatry*, 68, pp. 144–9.

Parkin, D., Rice, N., Jacoby, A. and Doughty, J. (2004) Use of a visual analogue scale in a daily patient diary: modelling cross-sectional time-series data on health-related quality of life, *Social Science and Medicine*, 59, pp. 351–60.

Penn Library (2004) Finding diaries: research guide, http://gethelp.library.upenn.edu/guides/general/diaries.html, accessed 14 June 2004.

Pimlott, B. (2002) Dear diary …, *The Guardian, G2*, 18 October, pp. 2–3.

Plummer, K. (1983) *Documents of Life: an Introduction to the Problems and Literature of a Humanistic Method*, Allen and Unwin, London.

Plummer, K. (2001) *Documents of Life 2: an Invitation to Critical Humanism,* Sage, London.

Pollock, L.A. (1983) *Forgotten Children: Parent–Child Relations from 1500 to 1900*, Cambridge University Press, Cambridge.

Pool, B. (1974) Sir William Coventry, 1628–86; Pepys's mentor, *History Today*, 24 (2), pp. 104–11.

Porter, S. (2000) Qualitative research, in D.F.S. Cormack (ed.) *The Research Process in Nursing*, 4th edn, Blackwell Science, Oxford, pp. 141–52.

Postan, M.M. (1971) *Fact and Relevance: Essays on Historical Methods*, Cambridge University Press, Cambridge.

Project SIGMA (2003) *Gay Men's Sexual Diaries: Information about Sexual Diaries*, http://www.sigmadiaries.com, accessed 29 July 2003.

Raftery, J., Stevens, A. and Roderick, P. (2001) The potential use of routine datasets in health technology assessment, in A. Stevens, K. Abrams, J. Brazier, R. Fitzpatrick and R. Lilford (eds) *The Advanced Handbook of Methods in Evidence Based Healthcare*, Sage, London, pp. 136–48.

Read, K.E. (1965) *The High Valley*, Scribner, New York.

Redgrave, L. and Clark, A. (2004) Pulling through, *The Guardian Weekend*, 18 September, pp. 15–20.

Redlich, F. (1975) Autobiographies as sources for social history: a research program, *Vierteljahrschrift fur Sozial- und Wirtschaftsgeschichte*, 6, pp. 380–90.

Riessman, C.K. (1993) *Narrative Analysis*, Sage, Newbury Park, CA.

Riley-Doucet, C. and Wilson, S. (1997) A three-step method of self-reflection using reflective journal writing, *Journal of Advanced Nursing*, 25, pp. 964–8.

Roberts, B. (2002) *Biographical Research*, Open University Press, Buckingham.

Robinson, D. (1971) *The Process of Becoming Ill*, Routledge and Kegan Paul, London.

Ross, S., Counsell, C.E., Gillespie, W.J., Grant, A.M., Prescott, R.J., Russell, I.T., Colthart, I.R., Kiauka, S., Russell, D. and Shepherd, S.M. (2001) Factors that limit the number, progress and quality of randomised controlled trials: a systematic review, in A. Stevens, K. Abrams, J. Brazier, R. Fitzpatrick and R. Lilford (eds) *The Advanced Handbook of Methods in Evidence Based Healthcare*, Sage, London, pp. 38–55.

Sahlins, M. (1995) *How 'Natives' Think: about Captain Cook, for Example*, University of Chicago Press, Chicago, IL.

Schutz, A. (1971) *Collected Papers. Vol. 1, The Problems of Social Reality*, Nijhoff, The Hague.

Schwandt, T.A. (2000) Three epistemological stances for qualitative inquiry: interpretivism, hermeneutics, and social constructionism, in N.K. Denzin and Y.S. Lincoln (eds) *Handbook of Qualitative Research*, Sage, London, pp. 189–213.

Seldon, A. (1994) Introduction: interpreting documents, in P. Catterall and H. Jones (eds) *Understanding Documents and Sources*, Heinemann, Oxford, pp. 29–31.

Sheridan, D. (ed.) (1991) *The Mass-Observation Diaries: an Introduction*, The Mass-Observation Archive (the University of Sussex Library) and the Centre for Continuing Education, University of Sussex, Falmer, http://www.sussex.ac.uk/library/massobs/diary_booklet.html, accessed 12 July 2004.

Shinagel, M. (ed.) (1994) *Daniel Defoe: Robinson Crusoe*, 2nd edn, Norton, New York.

Silverman, D. (1994) Analysing naturally-occurring data on AIDS counselling: some methodological and practical issues, in M. Boulton (ed.) *Challenge and Innovation: Methodological Advances in Social Research on HIV/AIDS*, Taylor and Francis, London.

Sissons Joshi, M., Senior, V. and Smith, G.P. (2001) A diary study of the risk perceptions of road users, *Health, Risk and Society*, 3, pp. 261–79.

Stake, R.E. (2003) Case studies, in N.K. Denzin and Y.S. Lincoln (eds) *Strategies of Qualitative Inquiry*, Sage, Thousand Oaks, CA, pp. 134–64.

Stewart, D. and Shamdasani, P. (1990) *Focus Groups: Theory and Practice*, Sage, London.

Stone, A.A., Shiffman, S., Schwartz, J.E., Broderick, J.E. and Hufford, M.R. (2003) Patient compliance with paper and electronic diaries, *Controlled Clinical Trials*, 24, pp. 182–99.

Strauss, A. and Corbin, J. (1990) *The Basics of Qualitative Research: Grounded Theory Procedures and Techniques*, Sage, London.

Stuhlmann, G. (ed.) (1974) *The Journals of Anaïs Nin 1934–1939*, Quartet, London.

Swanton, M. (2000) *The Anglo-Saxon Chronicles*, Phoenix, London.

Taylor, S. (1982) *Durkheim and the Study of Suicide*, Macmillan, London.

Thomas, W.I. and Znaniecki, F. (1958a) *The Polish Peasant in Europe and America*, vol. 1, Dover, New York.

Thomas, W.I. and Znaniecki, F. (1958b) *The Polish Peasant in Europe and America*, vol. 2, Dover, New York.

Thompson, P.R. (1988) *The Voice of the Past: Oral History*, 2nd edn, Oxford University Press, Oxford.

Tomalin, C. (2002) *Samuel Pepys: the Unequal Self*, Penguin, London.

Tosh, J. (1984) *The Pursuit of History: Aims, Methods and New Directions in the Study of Modern History*, Longman, London.

Uberoi, J.P.S. (1971) *Politics of the Kula Ring: an Analysis of the Findings of Bronislaw Malinowski*, 2nd edn, Manchester University Press, Manchester.

Weber, M. (1976) *The Protestant Ethic and the Spirit of Capitalism*, trans. Talcott Parsons, Allen and Unwin, London.

Wellard, S.J. and Bethune, E. (1996) Reflective journal writing in nurse education: whose interest does it serve?, *Journal of Advanced Nursing*, 24, pp. 1077–82.

Westhauser, K.E. (1994) Friendship and family in early modern England: the sociability of Adam Eyre and Samuel Pepys, *Journal of Social History*, 27, pp. 517–36.

Williams, M. (2002) Generalization in interpretive research, in T. May (ed.) *Qualitative Research in Action*, Sage, London, pp. 125–43.

WW2 People's War Team (2004) *About WW2 People's War*, http://www.bbc.co.uk/dna/ww2/About, accessed 15 June 2004.

Yushun, S. (2003) Party faithful, *The Guardian, G2*, 28 July, pp. 6–7.

Zimmerman, D.H. and Wieder, D.L. (1977) The diary-interview method, *Urban Life*, 5, pp. 479–98.

アンディ・アラシェフスカ
日記《にっき》とはなにか——質的研究《しつてきけんきゅう》への応用《おうよう》

2011年5月30日　第1刷発行

訳　者	川　浦　康　至 田　中　　　敦
発 行 者	柴　田　敏　樹
印 刷 者	西　澤　道　祐
発 行 所	株式会社　誠　信　書　房

〒112-0012　東京都文京区大塚3-20-6
電話　03（3946）5666
http://www.seishinshobo.co.jp/

あづま堂印刷　イマキ製本所

ISBN978-4-414-30419-0 C3011

モノの意味

大切な物の心理学

ISBN978-4-414-30623-1

M. チクセントミハイ・E. ロックバーグ＝ハルトン 著　市川孝一・川浦康至 訳

こころを抜きに人を語れないのと同じく，物を抜きには人間とその歴史を語ることはできない。仕事の道具・子どもからのプレゼント・幼い日の宝物。物は人の喜怒哀楽を帯び，人格と歴史を形作る。本書は，人間存在と物の関わりを，広範なフィールドワークに基づき解説する。

目　次

A5判上製　定価(本体4600円＋税)

人文・社会科学のためのテキストマイニング

ISBN978-4-414-30171-7

松村真宏・三浦麻子 著

テキストマイニングを，“分かりやすく”，そして“タダ”で，行うことを可能にする一冊。著者が開発したフリーソフト「TinyTextMiner」をはじめとする各種ソフトウェアの活用方から，自然言語処理，統計解析，データマイニングの分野を幅広くカバーした。人文・社会学分野の学部学生，大学院生・研究者の入門書として最適な内容である。

目　次

B5判並製　定価(本体2400円＋税)